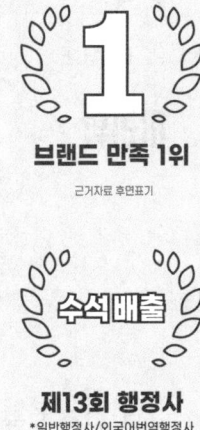
김재준
사무관리론

2차 | 답안작성을 위한 서브노트

박문각 행정사연구소 편_김재준

동영상 강의 www.pmg.co.kr

박문각

머리말

수험생분들에게 보내는 편지

안녕하세요. 행정사 사무관리론을 강의하고 있는 김재준입니다.

사무관리론의 첫 번째 단계가 기본서 학습을 통한 충분한 이해를 하는 것이라면, 다음 단계는 이해한 내용을 답안으로 작성하는 것입니다. 많은 수험생들이 답안작성을 시작할 때 어려움을 겪게 되는데, 그 이유는 읽었을 때는 충분히 이해했다고 생각했지만 막상 답안을 작성하려면 아무런 기억이 나지 않는다는 데 있습니다. 저 역시 수험생 시절 행정고등고시(현재 5급 공채) 제2차 시험을 준비하면서 동일한 어려움을 겪었습니다. 기본강의 내용을 충실히 학습했다고 생각했음에도 불구하고, 처음 답안작성에서 10%도 작성하기 어려웠습니다. 답안작성을 위한 서브노트는 제가 겪었던 어려움을 바탕으로 답안작성에 도움이 되도록 구성하였습니다. 다음과 같이 학습하는 것을 권해드립니다.

1. 꼼꼼한 학습

교재 왼쪽 페이지에는 주제별 요약 내용을 담고 있습니다. 굵은 글씨체 내용에 집중하여 전체적인 내용을 작성할 수 있을 수준에 이를 때까지 반복적으로 읽어보세요. 주제별 '몇 번 읽기' 등의 단순 횟수보다는, 해당 주제에 대해서 곧 시험을 본다고 생각하시고 집중해서 읽어보는 것이 중요합니다. 예컨대 주제별 30분씩 시간제한을 두고 회독 후 오른쪽에 연습해 보는 것입니다.

2. 이해 및 암기가 안 되는 부분

이해가 제대로 되어 있지 않은 부분은 읽을 때마다 불편하고 해당 부분에서 시간이 많이 할애될 수밖에 없습니다. 또한 엉뚱한 내용을 작성할 가능성도 높습니다. 따라서 서브노트를 학습하면서 이해가 되지 않은 부분을 메워나가야 합니다. 답안을 작성하다 보면 두문자 등 암기가 필요한 부분도 인지하게 됩니다. 암기가 필요한 부분은 뒤로 미루기보다는 필요할 때마다 암기를 하고 넘어가야 합니다.

3. 전체 내용 회독

전체적인 회독은 속도감 있게 하되, 시험이 다가올수록 모든 내용을 다 읽어보기보다는 중요 내용 위주로 회독해 나가시면 됩니다.

행정사 제2차 시험은 궁극적으로 제한된 시간 내에 답안을 작성하는 것입니다. 따라서 특정 주제를 깊이 있게 파고들기보다는 다양한 주제에 대해서 주제별로 '10분' 정도 답안을 작성할 수 있을 정도로 학습하셔야 합니다. 제 교재가 행정사를 준비하시는 모든 분들께 작은 도움이 되었으면 합니다.

김재준 드림

행정사 2차 시험 정보

1. 시험 일정: 매년 1회 실시

원서 접수	시험 일정	합격자 발표
2026년 7월 27일~7월 31일	2026년 10월 3일	2026년 12월 16일

2. 시험 과목 및 시간

교시	입실	시험 시간	시험 과목	문항 수	시험 방법
1교시	09:00	09:30~11:10 (100분)	**[공통]** ① 민법(계약) ② 행정절차론(행정절차법 포함)	과목당 4문항 (논술 1, 약술 3) ※ 논술 40점, 약술 20점	논술형 및 약술형 혼합
2교시	11:30	• 일반/해사 행정사 11:40~13:20 (100분) • 외국어번역 행정사 11:40~12:30 (50분)	**[공통]** ③ 사무관리론 　(민원 처리에 관한 법률, 행정업무의 운영 및 혁신에 관한 규정 포함) **[일반행정사]** ④ 행정사실무법(행정심판사례, 비송사건절차법) **[해사행정사]** ④ 해사실무법(선박안전법, 해운법, 해사안전기본법, 해사교통안전법, 해양사고의 조사 및 심판에 관한 법률) **[외국어번역행정사]** ④ 해당 외국어(외국능력시험으로 대체하며 영어, 중국어, 일본어, 프랑스어, 독일어, 스페인어, 러시아어의 7개 언어에 한함)		

3. 외국어능력검정시험 성적표 제출

2차 시험의 원서접수 마감일부터 거꾸로 계산하여 5년이 되는 날이 속하는 해의 1월 1일 이후에 실시된 외국어능력검정시험에서 취득한 성적으로 대체하며, 기준 점수 이상이어야 한다.

◆ 영어

시험명	TOEIC	TEPS	TOEFL	G-TELP	FLEX	IELTS
기준 점수	쓰기시험 150점 이상	쓰기시험 71점 이상	쓰기시험 25점 이상	GWT 작문시험에서 3등급 이상(1, 2, 3등급)	쓰기시험 200점 이상	쓰기시험 6.5점 이상

◈ 일본어, 중국어, 스페인어, 프랑스어, 독일어, 러시아어

시험명	FLEX (공통)	신HSK (중국어)	DELE (스페인어)	DELF/DALF (프랑스어)	괴테어학 (독일어)	TORFL (러시아어)
기준 점수	쓰기시험 200점이상	6급 또는 5급 쓰기 60점 이상	C1 또는 B2 작문 15점 이상	C2 독해/작문 25점 이상 및 C1 또는 B2 작문 12.5점 이상	C2 또는 B2 쓰기 60점 이상 및 C1 쓰기 15점 이상	1~4단계 쓰기 66% 이상

4. 시험의 면제

(1) 면제 대상

공무원으로 재직한 사람과 외국어 번역 업무에 종사한 경력이 있는 사람 등은 행정사 자격시험의 전부 또는 일부가 면제된다(제2차 시험 일부 과목 면제).

(2) 2차 시험 면제 과목

일반/해사행정사	행정절차론, 사무관리론
외국어번역행정사	민법(계약), 해당 외국어

5. 합격자 결정 방법

(1) 합격기준

1차 시험 및 2차 시험 합격자는 과목당 100점을 만점으로 하여 모든 과목의 점수가 40점 이상이고, 전 과목의 평균 점수가 60점 이상인 사람으로 한다(단, 2차 시험에서 외국어시험을 외국어능력검정시험으로 대체하는 경우에는 해당 외국어시험은 제외).

(2) 최소합격인원

2차 시험 합격자가 최소선발인원보다 적은 경우에는 최소선발인원이 될 때까지 모든 과목의 점수가 40점 이상인 사람 중에서 전 과목 평균점수가 높은 순으로 합격자를 추가로 결정한다. 이 경우 동점자가 있어 최소선발인원을 초과하는 경우에는 그 동점자 모두를 합격자로 한다.

출제경향 분석

시험 난이도

2025년 제13회 행정사 시험 사무관리론은 모든 문제가 '민원 처리에 관한 법률'과 '행정업무의 운영 및 혁신에 관한 규정'을 명시하고 있어, 두 법령을 위주로 답안을 작성한 수험생은 고득점을 획득할 수 있을 것으로 보입니다. 특히, 업무편람과 관인은 과거에도 출제되었던 주제이고, 2024년 출제되었던 '사무개선' 등 불의타 문제는 출제되지 않았습니다. 따라서 기본에 충실한 수험생에게는 체감 난도가 높지 않았을 것으로 보입니다.

출제경향

2024년 출제되었던 '사무개선'이라는 주제는 대부분의 수험생이 답안을 작성하기 어려워 오히려 변별력이 떨어졌던 문제였습니다. 이에 대한 수험생들의 비판을 의식해서인지, 2025년 문제는 철저히 두 법령에서만 출제하였습니다.

출제문제 분석

1. 문제 1 중 물음 1은 민원인이 본인정보를 공동이용하여 민원의 처리를 요구할 수 있는 권리와 본인정보의 종류를 기술하는 문제입니다. 문제 1 중 물음 2는 민원취약계층의 범위와 제공할 수 있는 편의 및 수수료 감면에 대하여 기술하는 것입니다. 각각 20점씩 해당 규정을 작성해야 합니다.
2. 문제 2는 문서의 발신명의와 발신방법 등에 관한 20점 문제입니다. 행정기관의 장 등 다양한 발신명의와 문서발신의 일반사항과 특수사항에 대해서 작성해야 합니다.
3. 문제 3은 관인에 관한 20점 문제입니다. 관인의 종류는 과거에 출제되었던 부분이고, 특수관인은 새롭게 출제되었습니다.
4. 문제 4는 업무편람에 관한 20점 문제입니다. 업무편람은 과거에 출제되었지만, 이번 시험에서는 업무편람에 관한 일반적인 사항과 업무편람 중 직무편람에 대해서 세부적으로 기술하는 문제입니다. 답안작성 시간을 고려하여 업무편람 중 행정편람에 대한 내용은 생략하거나 간략하게 기술해야 합니다.

수험 전략

사무관리론은 학설·판례 등을 바탕으로 논리적으로 결론을 내리는 행정절차론 등의 과목과는 성격이 다릅니다. 행정기관의 업무처리에 관한 현행 법·제도를 있는 그대로 정확히 기술하는 과목이기 때문입니다. 관련 내용을 잘 작성하기 위해서는 우선 해당 법·제도와 관련된 실무적 차원의 이해가 필요한데, 이해가 되지 않은 내용은 암기하기도 어렵습니다. 또한 모든 문장을 정확히 암기하기 어렵기 때문에 핵심이 되는 키워드 위주로 암기해야 합니다.

구분	행정업무 관련 법령	민원처리 관련 법령
2025년 (제13회)	• 문서의 발신명의와 발신방법(20점) • 관인의 종류 및 비치, 특수관인(20점) • 업무편람의 작성·활용과 직무편람의 작성·관리(20점)	• 공동이용과 관련한 민원인의 권리 및 종류(20점) • 민원취약계층의 범위, 편의제공, 수수료 감면(20점)
2024년 (제12회)	• 문서작성과 문서처리의 원칙(20점) • 사무개선의 개념 및 집단아이디어 발상법(20점) • 업무관리시스템의 구축·운영 주체 및 기대효과(20점)	• 법정민원과 고충민원의 개념 등(20점) • 법정민원을 제외한 접수한 민원 중 민원 처리를 하지 않을 수 있는 사항(20점)
2023년 (제11회)	• 문서의 반송과 이송(20점) • 서식, 날짜 및 시·분의 표기 등(20점) • 문서의 종류, 문서처리의 원칙 등(20점)	• 민원인의 범위에서 제외되는 자(20점) • 민원인이 민원을 제기하는 행정기관의 종류(20점)
2022년 (제10회)	• 업무의 분장, 업무개선, 행정효율성진단(20점) • 공문서, 전자문자서명, 전자문서시스템, 정책실명제의 개념 (20점)	• 민원 처리결과의 통지 및 통지방법 등(20점) • 무인민원발급창구를 이용한 민원문서의 발급(10점) • 전자증명서의 발급과 전자문서의 출력 사용 등(10점) • 다수인관련민원(20점)
2021년 (제9회)	• 관인 또는 서명의 표시 및 생략(20점) • 영상회의실을 설치·운영할 수 있는 회의 등(20점) • 행정업무 인계·인수의 절차 등(20점)	• 법정민원의 개념, 민원 1회방문 처리제 등(20점) • 민원심사관 및 민원실무심의회(20점)
2020년 (제8회)	• 문서의 효력발생 시기에 대한 입법주의(20점) • 문서의 효력발생 시기(20점) • 지식행정의 의의 및 추진배경, 온-나라 지식의 개념과 주요 기능(20점) • 업무편람의 개념, 종류, 작성 효과와 활용 효과(20점)	• 고충민원의 개념과 그 처리절차(20점)
2019년 (제7회)	• 전자이미지관인, 행정정보시스템, 문서과, 서명의 개념(20점) • 문서작성 시 용어 표기의 기준, 문서의 성립 및 효력발생 요건(20점) • 정책실명제의 개념 및 중점관리 대상사업 등(20점)	• 신청서 및 구비서류의 원칙, 불필요한 서류 요구 금지사항 (20점) • 민원문서의 이송 절차 및 방법(20점)
2018년 (제6회)	• 결재받은 문서의 수정(20점) • 정책연구과제의 선정(20점) • 영상회의의 의의, 정부영상회의실에서 개최할 수 있는 회의 등(20점)	• 반복 및 중복 민원의 개념과 종결처리절차 등(30점) • 접수된 민원을 처리하지 아니할 수 있는 민원사항(10점)
2017년 (제5회)	• 협업책임관, 행정협업시스템 및 행정협업조직의 개념 등 (20점) • 국민제안의 개념, 제출 및 접수 절차(20점) • 서식의 제정 방법과 서식 설계의 일반원칙(20점)	• 일반민원의 종류 및 처리기간(20점) • 민원 처리기간의 계산 및 연장(20점)
2016년 (제4회)	• 업무의 개념, 운영의 개념, 운영의 요소(20점) • 행정협업의 촉진과 행정협업과제의 등록(20점)	• 사전심사의 청구 등(20점) • 사전심사청구 민원 대상 안내 및 처리기간(20점) • 민원 처리의 원칙과 정보 보호(20점)
2015년 (제3회)	• 기관 간 업무협조 등(20점) • 업무관리시스템의 구성 및 운영방식 등(20점) • 관인의 등록·재등록(20점)	• 민원의 신청과 접수(40점)
2014년 (제2회)	• 서식의 승인과 승인 신청(20점) • 문서의 성립요건과 성립시기 및 문서의 효력발생 시기(20점) • 징책의 실명관리 등(20점)	• 민원 거부처분에 대한 이의신청과 그 방법 및 처리절차 등 (40점)
2013년 (제1회)	• 기안문의 검토와 결재(40점) • 관인의 종류와 폐기(20점) • 협업시스템과 민원24의 개념 등(20점)	• 다수 기관과 연관된 민원사무의 처리(20점)

차례

CONTENTS

차례

행정사
김재준 사무관리론

★

PART

01

행정업무의 운영

행정업무의 개념, 운영의 개념, 운영의 요소

1. 업무의 개념

업무란 **행정목적 달성**을 위한 사무실에서 이루어지는 **서류에 관한 작업과 서류의 수집·가공**·저장·활용 등 일련의 **정보처리 과정**을 포함한다. 또한 **국민과의 접점**에서 이루어지는 일련의 **행정과정**까지 포괄한다.

2. 운영의 개념

운영이란 **조직의 자원을 활용하여** 조직 내부의 생산**목표를 관리**하고 **국민의 만족도를 증가시키는** 정책의 품질관리 및 성과관리를 포함하는 총체적인 관리활동이다.

3. 운영의 요소

(1) 다른 사람들을 통한 업무수행

운영은 임무성취를 위해 다른 사람 및 조직을 동원하고 이끌어간다.

(2) 조직목표의 설정과 성취

운영의 주된 임무는 조직목표를 설정하고 이를 성취하는 것이다.

(3) 대상영역·활동국면

운영의 대상영역은 **조직 전반**에 걸친다. 조직의 성립·생존·발전에 관련된 여러 국면들이 모두 운영의 대상이 된다.

(4) 복합적 과정

운영은 **의사전달, 의사결정**, 통제, 계획, 조정 등 다양한 과정들을 통해서 이루어진다.

(5) 개방체제적 교호작용

운영은 **조직 내외의 여러 관계와 역동적 교호작용**을 한다. 즉 행정 환경과 조직 내의 하위체제들이 엮어내는 하위체제 상황에서 작동하는 과정이다.

작성연습

1. 업무의 개념

업무란 _____을 위한 사무실에서 이루어지는 _____
_____ · 저장 · 활용 등 일련의 _____을 포함한다. 또한 _____
에서 이루어지는 일련의 _____까지 포괄한다.

2. 운영의 개념

운영이란 _____ 조직 내부의 생산_____하고 _____
_____ 정책의 품질관리 및 성과관리를 포함하는 총체적인 관리활동이다.

3. 운영의 요소

(1) _____

운영은 임무성취를 위해 다른 사람 및 조직을 동원하고 이끌어간다.

(2) _____

운영의 주된 임무는 조직목표를 설정하고 이를 성취하는 것이다.

(3) _____

운영의 대상영역은 _____에 걸친다. 조직의 성립 · 생존 · 발전에 관련된 여러
국면들이 모두 운영의 대상이 된다.

(4) _____

운영은 _____, 통제, 계획, 조정 등 다양한 과정들을 통해서 이루어진다.

(5) _____

운영은 _____을 한다. 즉 행정 환경과 조직 내
의 하위체제들이 엮어내는 하위체제 상황에서 작동하는 과정이다.

행정업무의 효율적 운영

행정업무의 효율적 운영이란 **조직의 목적을 달성**하기 위하여 **업무의 효율을 개선**하고 **비용을 절약**하기 위한 다음의 관리활동이다.

1. 업무의 간소화

불필요한 업무를 없애고 업무성과와 작업 속도를 높일 수 있도록, 보고 · 결재 단계의 축소, 전자결재의 활성화, 불필요한 보고서의 생산 지양 등을 추구한다.

2. 업무의 표준화

업무 담당자가 바뀌어도 원활하게 업무를 처리하고, 일상 업무의 대응 속도를 높일 수 있게끔 업무의 인계 · 인수를 철저히 하고, 전자결재의 활성화, 업무의 자동화를 지향한다.

3. 업무의 과학화

정보통신기술의 발달에 발맞춰 **행정업무**를 보다 정확하고 **빠르게 처리**할 수 있도록 **전자결재 시스템, 지식행정 시스템, 협업 시스템 등을 활용**하여 **행정지식을 공유**하고 활용하여 정부 내 의사소통을 증진한다.

4. 업무의 정보화

전산화, 정보화를 통하여 행정업무의 처리방식을 혁신함으로써 행정기관 내부적으로 **행정의 효율화**, 간소화를 추진하면서 대외적으로는 고도화되는 **국민의 행정서비스 욕구를 충족**시켜 줄 수 있는 첨단 정보통신기술의 도입 · **활용**을 추구한다.

작성연습

행정업무의 효율적 운영이란 _____하기 위하여 _____
하고 _____하기 위한 다음의 관리활동이다.

1. _____

_____, _____
_____ 등을 추구한다.

2. _____

_____, 일상 업무의 _____
_____를
지향한다.

3. _____

정보통신기술의 발달에 발맞춰 _____를 보다 정확하고 _____할 수 있도록
_____
하고 활용하여 정부 내 의사소통을 증진한다.

4. _____

_____ 행정업무의 처리방식을 혁신함으로써 행정기관 내부적으로
_____하면서 대외적으로는 고도화되는 _____
_____을 추구한다.

공문서의 개념과 문서의 필요성

1. 공문서의 개념

공문서란 **행정기관에서 공무상 작성하거나 시행하는 문서**(도면·사진·디스크·전자문서 등을 포함)**와 행정기관이 접수한 모든 문서**를 말한다.

(1) 행정상 공문서

행정상 공문서란 행정기관 또는 공무원이 직무상 작성하고 처리한 문서 및 행정기관이 접수한 문서를 말한다. 한편 **행정기관의 장이 위·변조 방지조치, 출력한 문서의 진위확인조치 등을 취하여 민원인에게 통지한 전자문서를 민원인이 출력한 문서도 공문서에 포함**된다.

(2) 법률상 공문서

① **「형법」**상의 공문서
「형법」상 "**공문서**"는 공무소 또는 공무원이 그 **명의로써** 권한 내에서 소정의 형식에 따라 **작성한 문서**를 말한다.

② **「민사소송법」**상의 공문서
「민사소송법」은 문서의 작성방식과 취지에 의하여 **공무원이 직무상 작성한 것**으로 인정한 때에는 이를 진정한 공문서로 추정한다.

2. 문서의 필요성

(1) **내용이 복잡**하여 문서 없이는 업무처리가 곤란할 때

(2) 업무처리에 대한 **의사소통이 대화로는 불충분**하여 문서가 필요한 때

(3) **행정기관의 의사표시 내용을 증거**로 남겨야 할 때

(4) 업무처리의 **형식상 또는 절차상 문서가 필요**한 때

(5) 업무처리 **결과를 보존**할 필요가 있을 때

작성연습

1. 공문서의 개념

공문서란 _____

_____를 말한다.

(1) _____

_____

_____를 말한다. 한편 _____ 위·변조 방지조치, 출력한 문서
의 진위확인조치 등을 취하여 _____

_____된다.

(2) _____

① _____상의 공문서

_____상 "공문서"는 _____ 권한 내에서 소정의 형

식에 따라 _____를 말한다.

② _____상의 공문서

_____은 문서의 작성방식과 취지에 의하여 _____

으로 인정한 때에는 이를 진정한 공문서로 추정한다.

2. 문서의 필요성

(1) _____하여 문서 없이는 업무처리가 곤란할 때

(2) 업무처리에 대한 _____하여 문서가 필요한 때

(3) _____로 남겨야 할 때

(4) 업무처리의 _____한 때

(5) 업무처리 _____할 필요가 있을 때

문서의 기능

1. 의사의 기록 · 구체화

문서는 사람의 의사를 구체적으로 표현하는 기능을 갖는다. **사람이 가지고 있는 주관적인 의사는** 문자 · 숫자 · 기호 등을 활용하여 종이나 다른 매체에 표시하여 **문서화함으로써 그 내용이 구체화된다.**

2. 의사의 전달

문서에 의한 의사전달은 전화나 구두로 전달하는 것보다 좀 더 정확하고 변함없는 내용을 전달할 수 있다. 이것은 의사를 **공간적으로 확산하는 기능**으로서 문서의 발송 · 도달 등 유통과정에서 나타난다.

3. 의사의 보존

문서로써 전달된 의사는 **지속적으로 보존할 수 있고** 역사자료로서의 가치를 갖기도 한다. 이는 의사표시를 **시간적으로 확산**시키는 역할을 한다.

4. 자료 제공

보관 · 보존된 문서는 필요한 경우 언제든 **참고자료 내지 증거자료로 제공**되어 행정활동을 지원 · 촉진시킨다.

5. 업무의 연결 · 조정

문서의 기안 · 결재 및 협조 과정 등을 통해 조직 내외의 업무처리 및 정보 순환이 이루어져 **업무의 연결 · 조정 기능**을 수행하게 된다.

작성연습

1. _____

   _____는 사람의 의사를 구체적으로 표현하는 기능을 갖는다. _____
   _____는 문자·숫자·기호 등을 활용하여 종이나 다른 매체에 표시하여
   _____.

2. _____

   _____ 것보다 좀 더 _____
   _____. 이것은 의사를 _____으로서 문서의 발
   송·도달 등 유통과정에서 나타난다.

3. _____

   문서로써 전달된 의사는 _____ 역사자료로서의 가치를 갖기도
   한다. 이는 의사표시를 _____시키는 역할을 한다.

4. _____

   _____ 필요한 경우 언제든 _____되어 행정
   활동을 지원·촉진시킨다.

5. _____

   _____을 통해 _____이
   이루어져 _____을 수행하게 된다.

문서의 구분(작성주체와 유통대상)

1. 작성주체에 의한 구분

(1) 공문서

행정기관에서 공무상 작성하거나 시행하는 문서(도면, 사진, 디스크, 테이프, 필름, 슬라이드, 전자문서 등 특수매체기록 포함)와 행정기관이 접수한 모든 문서를 말한다.

(2) 사문서

개인이 사적인 목적을 위하여 작성한 문서를 말한다. 그러나 사문서 중 각종 신청서·증명서·진정서 등과 같이 행정기관에 제출하여 접수가 된 것은 공문서로 취급되며 그 문서를 제출한 사람도 접수된 문서를 임의로 회수할 수는 없다.

2. 유통대상 여부에 의한 구분

(1) 유통되지 않는 문서

행정기관이 내부적으로 계획 수립, 처리방침 결정, 업무보고, 소관사항 검토 등을 하기 위하여 결재를 받는 문서를 말한다. 내부적으로 결재를 받는 문서이므로 발신하지 않는다.

(2) 유통대상 문서

① 대내문서
  해당 기관 내부에서 보조기관 또는 보좌기관 상호 간 협조를 하거나 보고 또는 통지를 위하여 수신·발신하는 문서를 말한다.

② 대외문서
  해당 기관 이외에 다른 행정기관(소속기관 포함)이나 국민, 단체 등에 수신·발신하는 문서를 말한다.

③ 발신자와 수신자 명의가 같은 문서
  행정기관의 장 또는 합의제 행정기관이 자신의 명의로 발신하고 자신의 명의로 수신하는 문서를 말한다.

작성연습

1. 작성주체에 의한 구분

(1) _____

_____(_____, 테이프, 필름, 슬라이드, 전자문서 등 특수매체기록 포함)와 _____를 말한다.

(2) _____

_____를 말한다. 그러나 사문서도 각종 신청서·증명서·진정서 등과 같이 _____로 취급되며 그 문서를 _____.

2. 유통대상 여부에 의한 구분

(1) _____

_____, 처리방침 결정, 업무보고, 소관사항 검토 등을 하기 위하여 결재를 받는 문서를 말한다. _____
_____.

(2) _____

① _____
해당 기관 내부에서 _____를 하거나 보고 또는 통지를 위하여 _____하는 문서를 말한다.

② _____
해당 기관 이외에 _____
하는 문서를 말한다.

③ _____
_____
_____를 말한다.

공문서의 종류(행정업무규정 제4조에 따른 분류)

1. 법규문서

헌법·법률·대통령령·총리령·부령·조례·규칙 등에 관한 문서를 말한다.

2. 지시문서

훈령·지시·예규·일일명령 등 **행정기관이 그 하급기관이나 소속 공무원에 대하여 일정한 사항을 지시**하는 문서를 말한다.

(1) 훈령

상급기관이 하급기관에 대하여 장기간에 걸쳐 그 권한의 행사를 일반적으로 지시하기 위하여 발하는 명령이다.

(2) 지시

상급기관이 직권 또는 하급기관의 문의에 의하여 하급기관에 개별적·구체적으로 발하는 명령이다.

(3) 예규

행정업무의 통일을 기하기 위하여 반복적인 행정업무의 처리기준을 제시하는 문서로서 법규문서를 제외한 문서를 말한다.

(4) 일일명령

당직·출장·시간외근무·휴가 등 일일업무에 관한 명령이다.

3. 공고문서

고시·공고 등 행정기관이 일정한 사항을 일반에게 알리는 문서를 말한다.

4. 비치문서

행정기관이 **일정한 사항을 기록하여 행정기관 내부에 비치**하면서 업무에 활용하는 **대장, 카드** 등의 문서를 말한다.

5. 민원문서

민원인이 행정기관에 허가, 인가, 그 밖의 처분 등 **특정한 행위를 요구하는 문서와 그에 대한 처리문서**를 말한다.

6. 일반문서

위 문서에 속하지 아니하는 회보, 보고서 등의 모든 문서를 말한다.

작성연습

1. _____

_____에 관한 문서를 말한다.

2. _____

훈령 · 지시 · 예규 · 일일명령 등 _____

_____하는 문서를 말한다.

(1) ___

_____를 일반적으로 지시하

기 위하여 발하는 명령이다.

(2) ___

_____ 에 의하여 _____

_____이다.

(3) ___

_____하는 문서

로서 법규문서를 제외한 문서를 말한다.

(4) _____

_____에 관한 명령이다.

3. _____

_____를 말한다.

4. _____

행정기관이 _____하면서 업무에 활용하는

_____ 등의 문서를 말한다.

5. _____

_____ 행정기관에 허가, 인가, 그 밖의 처분 등 _____

_____를 말한다.

6. _____

_____를 말한다.

07 서명의 종류

1. 서명

"서명"이란 기안자·검토자·협조자·결재권자 또는 발신명의인이 공문서(전자문서는 제외)에 자필로 자기의 성명을 다른 사람이 알아볼 수 있도록 **한글로** 표시하는 것을 말한다.

2. 전자이미지서명

"전자이미지서명"이란 기안자·검토자·협조자·결재권자 또는 발신명의인이 전자문서상에 전자적인 **이미지** 형태로 된 자기의 **성명을** 표시하는 것을 말한다.

3. 전자문자서명

"전자문자서명"이란 기안자·검토자·협조자·결재권자 또는 발신명의인이 전자문서상에 **자동 생성된** 자기의 성명을 **전자적인 문자** 형태로 표시하는 것을 말한다.

4. 행정전자서명

"행정전자서명"이란 기안자·검토자·협조자·결재권자 또는 발신명의인의 **신원과** 전자문서의 변경 **여부를 확인**할 수 있도록 그 전자문서에 첨부되거나 결합된 **전자적 형태의 정보로서 인증기관으로부터 인증을** 받은 것을 말한다.

작성연습

1. _____

_____이란 _____이 공문서(_____
__는 제외)에 _____ 다른 사람이 알아볼 수 있도록 _____ 표시하는
것을 말한다.

2. _____

_____이란 _____이
_____ 된 자기의 _____ 표시하는 것을 말한다.

3. _____

_____이란 _____이 _____
_____ 자기의 성명을 _____ 형태로 표시하는 것을 말한다.

4. _____

_____이란 _____의
_____할 수 있도록 그 전자문서에 첨부되거나 결합된
_____ 받은 것을 말한다.

문서의 성립요건, 성립시기, 효력발생에 대한 입법주의

1. 문서의 성립요건

(1) 행정기관의 **적법한 권한 범위** 내에서 작성되어야 한다.

(2) **위법 · 부당하거나 시행 불가능한 내용이 아니어야** 한다.

(3) **법령에 규정된 절차 및 형식**을 갖추어야 한다.

2. 문서의 성립시기

문서는 **결재권자가 해당 문서에 서명(전자이미지서명, 전자문자서명 및 행정전자서명**을 포함)의 방식으로 **결재함으로써** 성립한다.

3. 효력발생에 대한 입법주의

(1) **표백주의**

문서가 성립한 때 즉 **결재로써 문서의 작성이 끝난 때**에 효력이 발생한다는 견해이다.

(2) **발신주의**

성립한 문서가 **상대방에게 발신된 때** 효력이 발생한다는 견해이다.

(3) **도달주의**

문서가 **상대방에게 도달해야** 효력이 생긴다는 견해이며 수신주의라고도 한다.

(4) **요지주의**

상대방이 문서의 내용을 안 때에 효력이 발생한다는 견해이다.

작성연습

1. 문서의 성립요건

(1) 행정기관의 _____ 내에서 작성되어야 한다.

(2) _____어야 한다.

(3) _____을 갖추어야 한다.

2. 문서의 성립시기

문서는 _____(_____

을 포함)의 방식으로 _____ 성립한다.

3. 효력발생에 대한 입법주의

(1) _____

문서가 성립한 때 즉 _____에 효력이 발생한다는 견해이다.

(2) _____

성립한 문서가 _____ 효력이 발생한다는 견해이다.

(3) _____

문서가 _____ 효력이 생긴다는 견해이며 수신주의라고도 한다.

(4) _____

_____에 효력이 발생한다는 견해이다.

문서의 효력발생 시기

1. 일반원칙

문서가 수신자에게 **도달됨으로써** 그 효력을 발생하되, 전자문서는 수신자가 관리하거나 지정한 전자적 시스템 등에 **입력**됨으로써 그 효력을 발생한다.

2. **공고문서**의 효력발생

고시, 공고 등 공고문서는 그 문서상에 **효력발생 시기**를 명시하고 있지 않으면 그 고시 또는 공고가 있은 날부터 5일이 **경과한 때**에 효력이 발생한다.

3. 「**행정절차법**」에 따른 효력발생

「**행정절차법**」에 따르면 송달받을 자의 주소등을 통상적인 방법으로 확인할 수 없는 경우, 송달이 불가능한 경우에 관보, 공보, 게시판, 일간신문 중 하나 이상에 공고하고 **인터넷**에도 공고하여야 한다. 다른 법령 등에 특별한 규정이 없으면 **공고일부터 14일이 경과한 때**에 그 효력이 발생한다.

작성연습

1. _____

문서가 _____ 그 효력을 발생하되, 전자문서는 _____
_____됨으로써 그 효력을 발생한다.

2. _____의 효력발생

_____는 그 문서상에 _____
_____에 효력이 발생한다.

3. _____에 따른 효력발생

_____
경우, _____ 경우에 _____에 공고
하고 _____에도 공고하여야 한다. 다른 법령 등에 특별한 규정이 없으면 _____
_____에 그 효력이 발생한다.

문서작성의 일반원칙

1. 문서의 **전자적 처리**

행정기관의 장은 문서의 **기안·검토·협조·결재·등록 등** 처리절차를 **전자문서시스템** 또는 업무관리시스템상에서 전자적으로 처리하도록 하여야 한다.

2. **국민생활의 편의성 제고 및 전자문서의 체계적 관리**

행정기관의 장은 국민생활의 편의를 제고하고 전자문서를 체계적으로 관리하기 위하여 **개방형 문서 형식**으로 문서요지와 키워드를 포함하여 **작성**하고, 국민에게 문서를 **다양한 형식**으로 제공하며, 국민이 **다양한 장치**에서 문서에 접근할 수 있도록 해야 한다.

3. **이해하기 쉽게 작성**

(1) **어문규범의 준수**

문서는 「**국어기본법**」에 따라 어문규범에 맞게 한글로 작성하되, 필요한 경우에는 **괄호 안에** 한자나 그 밖의 외국어를 함께 적을 수 있으며, **가로로 쓴다.**

(2) **국민이 이해하기 쉬운 용어 사용**

문서의 내용은 **간결하고 명확하게 표현**하고 **이해하기 쉽게** 작성하여야 한다. 쉬운 우리말을 사용할 수 있도록 노력하고, 특히 **대국민 행정명령**이나 국민에 안내하는 고시·공고문은 **국민친화적 용어를 사용**하여 작성하도록 노력하여야 한다.

4. **바코드 등의 표기**

문서에는 **음성정보나 영상정보 등**이 수록되거나 연계된 **바코드** 등을 표기할 수 있다.

|||||||||| **작성연습** |||||||||||||||||||||||||||||||||||||||||||||||||||||||||

1. 문서의 _____

_____은 문서의 _____ 처리절차를 _____
_____상에서 전자적으로 처리하도록 하여야 한다.

2. _____

_____은 국민생활의 편의를 제고하고 전자문서를 체계적으로 관리하기 위
하여 _____하고, 국민에게 문서를 ____
_____하며, 국민이 _____할 수 있도록 해야 한다.

3. _____

(1) _____

문서는 _____하되, 필요한 경우에는 _____
_____를 함께 적을 수 있으며, _____.

(2) _____

문서의 내용은 _____하고 _____ 작성하여야 한다. ____
_____할 수 있도록 노력하고, 특히 _____
_____하여 작성하도록 노력하여야 한다.

4. _____

문서에는 _____ 등을 표기할 수 있다.

숫자 등의 표시

1. 숫자

문서에 쓰는 숫자는 특별한 사유가 없으면 **아라비아 숫자**를 쓴다.

2. 날짜

문서에 쓰는 날짜는 **숫자로 표기**하되, **연·월·일의 글자는 생략**하고 그 자리에 **온점**을 찍어 표시한다. 월, 일 표기 시 '0'은 **표기하지 않는다.**

3. 시간

시·분은 24시각제에 따라 **숫자로 표기**하되, 시·분의 글자는 생략하고 그 사이에 **쌍점**을 찍어 구분한다.

4. 금액의 표시

문서에 금액을 표시할 때에는 **아라비아 숫자로 쓰되, 숫자 다음에 괄호를 하고 한글로 적어야** 한다.

작성연습

1. 숫자

문서에 쓰는 숫자는 특별한 사유가 없으면 _____를 쓴다.

2. 날짜

문서에 쓰는 날짜는 _____하되, _____
을 찍어 표시한다. 월, 일 표기 시 _____.

3. 시간

시 · 분은 _____하되, _____
을 찍어 구분한다.

4. 금액의 표시

문서에 금액을 표시할 때에는 _____로 쓰되, _____
로 적어야 한다.

문서의 쪽 번호 등의 표시

1. 쪽 번호 등의 개념

2장 이상으로 이루어진 중요 문서의 **앞장과 뒷장의 순서를 명백히 하기 위하여** 매기는 번호를 말힌다.

2. 쪽 번호 등의 표시 대상문서

(1) 문서의 순서 또는 **연결 관계**를 명백히 할 필요가 있는 문서

(2) 사실관계나 법률관계의 증명에 관계되는 문서

(3) 허가, 인가 및 등록 등에 관계되는 문서

3. 표시 방법

(1) **전자문서** : **쪽 번호 표시** 또는 **발급번호** 기재

　① **쪽 번호** : 각종 증명 발급 문서 외의 문서에 표시

　　㉠ **문서의 중앙 하단에 쪽 번호를 표시하되, 문서의 순서 또는 연결관계를 명백히 할 필요**가 있는 문서에는 해당 문건의 **전체 쪽수와 그 쪽의 일련번호를 붙임표(-)**로 이어 표시한다.

　　㉡ 양면을 사용한 경우에는 **양면 모두 순서대로** 쪽수를 부여한다.

　② **발급번호** : 각종 증명 발급 문서의 왼쪽 하단에 표시

(2) **종이문서** : **관인으로 간인** 또는 **천공**

　① **간인**

　　관인 관리자가 관인으로 간인하되, **시행문**은 간인하기 전의 **기안문을 복사하여 간인**한다.

　② **구멍뚫기(천공)**

　　민원서류나 그 밖에 필요하다고 인정하는 문서에는 **간인을 갈음하여 천공**한다.

작성연습

1. 쪽 번호 등의 개념

_____으로 이루어진 중요 문서의 _____
매기는 번호를 말한다.

2. 쪽 번호 등의 표시 대상문서

(1) 문서의 순서 또는 _____를 명백히 할 필요가 있는 문서

(2) _____되는 문서

(3) _____되는 문서

3. 표시 방법

(1) _____ : _____ 또는 _____ 기재

  ① _____ : _____에 표시

    ㉠ _____에 쪽 번호를 표시하되, _____
    _____가 있는 문서에는 해당 문건의 _____
    _____로 이어 표시한다.

    ㉡ 양면을 사용한 경우에는 _____ 쪽수를 부여한다.

  ② _____ : _____

(2) _____ : _____ 또는 ____

  ① ____
  _____하되, _____ 간인하기 전의 _____
  한다.

  ② _____
  민원서류나 그 밖에 필요하다고 인정하는 문서에는 _____한다.

항목의 구분 등

1. 항목의 표시

공문서의 내용을 둘 **이상의 항목으로 구분할 필요가** 있으면 그 항목을 순서대로 표시하되, 상위 항목부터 하위 항목까지 1., **가.,** 1), **등의 형태로 표시**한다. 다만, 필요한 경우에는 □, ○, – **등과 같은 특수한 기호**로 표시할 수 있다.

2. 표시위치 및 띄우기

⑴ **첫째 항목기호는 왼쪽 기본선에서 시작하고, 둘째 항목**부터는 바로 위 항목 위치에서 오른쪽으로 2**타씩 옮겨 시작**한다.

⑵ 항목이 **두 줄 이상인 경우**에 둘째 줄부터는 항목 내용의 **첫 글자에 맞추어 정렬함**이 원칙이나, **왼쪽 기본선에서 시작하여도** 무방하다.

⑶ 항목기호와 그 항목의 내용 사이에는 1**타를** 띄운다.

⑷ 항목이 하나만 있는 경우 **항목기호를 부여하지 아니**한다.

3. 규격 용지의 사용

⑴ **규격 표준화의 필요성**

용지의 **규격을 통일하여 표준화**함으로써 **문서의 작성·처리** 등뿐만 아니라 프린터, 복사기, 팩스 등 각종 **사무자동화기기의 활용을 용이**하게 할 수 있다.

⑵ **용지의 기본규격**

특별한 사유가 없으면 **가로 210밀리미터, 세로 297밀리미터**의 직사각형 용지로 한다.

4. 외국어로 된 문서 등에 대한 특례

외국어로 된 문서나 법규문서 중에서 법률에 관한 문서는 문서 작성의 방법, 관인날인 또는 등에 관한 「**행정업무규정**」의 적용을 받지 **않을 수** 있다.

작성연습

1. 항목의 표시

공문서의 내용을 _____ 그 항목을 순서대로 표시하되, 상위 항목부터 하위 항목까지 _____한다. 다만, 필요한 경우에는 __ _____로 표시할 수 있다.

2. 표시위치 및 띄우기

(1) _____기호는 _____, _____부터는 바로 위 항목 위치에서 오른쪽으로 _____한다.

(2) 항목이 _____에 둘째 줄부터는 항목 내용의 _____이 원칙이나, _____ 무방하다.

(3) 항목기호와 그 항목의 내용 사이에는 ____ 띄운다.

(4) 항목이 하나만 있는 경우 _____한다.

3. 규격 용지의 사용

(1) _____

용지의 _____함으로써 _____ 등뿐만 아니라 프린터, 복사기, 팩스 등 각종 _____하게 할 수 있다.

(2) _____

특별한 사유가 없으면 _____의 직사각형 용지로 한다.

4. 외국어로 된 문서 등에 대한 특례

외국어로 된 문서나 법규문서 중에서 법률에 관한 문서는 문서 작성의 방법, 관인날인 또는 등에 관한 _____.

일반기안의 구성(두문)

1. 행정기관명

문서를 기안한 부서가 속하는 행정기관명을 표시하되, 다른 행정기관명과 동일한 경우에는 바로 위 **상급기관명**을 함께 표시할 수 있다.

2. 수신자의 표시

(1) 내부결재

수신자가 없는 내부결재문서인 경우에는 **"내부결재"**로 표시한다.

(2) 독임제기관의 장 또는 합의제기관의 장의 권한에 관한 사항인 경우

수신자가 있는 경우에는 수신자명을 표시하고, 그 다음에 이어서 괄호 안에 업무를 처리할 보조기관이나 보좌기관을 표시하되, 보조기관이나 보좌기관이 분명하지 아니한 경우에는 ○○업무담당과장 등으로 쓸 수 있다.

(3) 합의제기관의 권한에 관한 사항인 경우

수신자가 있는 경우에는 수신자명을 표시하고, 그 다음에 이어서 괄호 안에 업무를 처리할 보조기관이나 보좌기관을 표시하되, 보조기관이나 보좌기관이 분명하지 아니한 경우에는 ○○업무담당과장 등으로 쓸 수 있다.

(4) 수신자가 여럿인 경우

두문의 수신란에 **"수신자 참조"**라고 표시하고, **결문의 발신명의** 다음 줄에 수신자란을 따로 **설치**하여 수신자명을 표시할 수 있다.

(5) 수신자가 민원인인 경우

민원회신문서에는 수신란에 민원인의 성명을 먼저 쓰고 이어서 ( ) 안에 우편번호와 도로명 주소를 쓴다.

작성연습

1. _____

_____하되, 다른 행정기관명과 동일한

경우에는 바로 위 _____을 함께 표시할 수 있다.

2. _____

(1) _____

수신자가 없는 내부결재문서인 경우에는 _____한다.

(2) _____

_____하되, 보조기관이나 보좌기관이 분명하지 아

니한 경우에는 ○○업무담당과장 등으로 쓸 수 있다.

(3) _____

_____하되, 보조기관이나 보좌기관이 분명하지 아

니한 경우에는 ○○업무담당과장 등으로 쓸 수 있다.

(4) _____

두문의 _____라고 표시하고, _____

_____하여 수신자명을 표시할 수 있다.

(5) _____

민원회신문서에는 수신란에 민원인의 성명을 먼저 쓰고 이어서 ( ) 안에 우편번호

와 도로명주소를 쓴다.

일반기안의 구성(두문)

3. 경유의 표시

(1) 경유기관이 없는 경우

아무것도 석지 않고 **빈칸**으로 둔다.

(2) 경유기관이 하나인 경우

(경유)란에 "**이 문서의 경유기관의 장은 ○○○이고 최종 수신기관의 장은 ○○○입니다.**"라고 표시한다.

(3) 경유기관이 둘 이상인 경우

(경유)란에 "**이 문서의 제1차 경유기관의 장은 ○○○이고, 제2차 경유기관의 장은 ○○○, …, 최종 수신기관의 장은 ○○○입니다.**"라고 표시한다.

4. 로고·상징 등 표시

기안문 및 시행문에는 가능하면 **행정기관의 로고·상징·마크·홍보문구 등을 표시**하여 행정기관의 이미지를 높일 수 있도록 하여야 한다. 로고(상징)는 문서 상단의 '**행정기관명**' 표시줄의 왼쪽 끝에 2cm×2cm 범위 내에서 표시하고, 홍보문구는 행정기관명 바로 위에 표시한다.

작성연습

3. _____

(1) _____

아무것도 적지 않고 ____으로 둔다.

(2) _____

(경유)란에 "_____ ○○○
입니다."라고 표시한다.

(3) _____

(경유)란에 "_____, 제2차 경유기관의 장은
○○○, … , _____"라고 표시한다.

4. _____

기안문 및 시행문에는 가능하면 _____
하여 행정기관의 이미지를 높일 수 있도록 하여야 한다. _____
_____하고, _____
_____한다.

일반기안의 구성(본문)

1. 제목

문서의 내용을 쉽게 알 수 있도록 **간단하고 명확하게** 기재한다.

2. 관련되는 다른 공문서의 표시

문서생산기관의 명칭과 **생산등록번호**를 적고, **괄호 안에 생산날짜와 제목**을 표기한다.

3. 첨부물의 표시

문서에 서식·유가증권·참고서류, 그 밖의 문서나 물품이 첨부되는 때에는 **본문이 끝난 줄 다음에 "붙임"의 표시**를 하고 첨부물의 명칭과 수량을 쓰되, **첨부물이 두 가지 이상인 때에는 항목을 구분**하여 표시한다.

4. 문서의 "끝" 표시

(1) 본문의 내용의 **마지막 글자에서 한 글자 띄우고 "끝"** 표시를 한다.

(2) 본문의 내용이나 붙임에 적은 사항이 **오른쪽 한계선에 닿은 경우**에는 **다음 줄의 왼쪽 기본선에서 한 글자 띄우고 "끝"** 표시를 한다.

(3) 본문의 내용이 표 형식으로 끝나는 경우에는 표의 마지막 칸까지 작성되면 **표 아래 왼쪽 기본선에서 한 글자를 띄운 후 "끝"** 표시를 하고, **표의 중간까지만 작성된 경우**에는 "끝" 표시를 하지 않고 **마지막으로 작성된 칸의 다음 칸에 "이하빈칸"**으로 표시한다.

작성연습

1. ____

문서의 내용을 쉽게 알 수 있도록 _____ 기재한다.

2. _____

_____의 명칭과 _____를 적고, _____을 표기한다.

3. _____

문서에 서식·유가증권·참고서류, 그 밖의 문서나 물품이 첨부되는 때에는 _____
_____를 하고 첨부물의 명칭과 수량을 쓰되, _____
_____하여 표시한다.

4. 문서의 "끝" 표시

(1) 본문의 내용의 _____를 한다.

(2) 본문의 내용이나 붙임에 적은 사항이 _____에는 _____
_____를 한다.

(3) 본문의 내용이 표 형식으로 끝나는 경우에는 표의 마지막 칸까지 작성되면 _____
_____를 하고, _____
에는 "끝" 표시를 하지 않고 _____
한다.

Theme 16-1 일반기안의 구성(결문)

1. 발신명의의 표시

(1) 문서의 발신명의는 행정기관의 장으로 한다.

(2) **합의제기관의 권한**에 속하는 문서의 발신명의는 그 **합의제기관**으로 한다.

(3) 법령에 의하여 **행정권한이 위임·위탁된 경우**에는 그 위임 또는 위탁을 받은 자의 명의로 발신한다.

(4) **행정기관 내의 보조기관 또는 보좌기관 상호 간에 발신하는 문서**는 해당 보조기관 또는 보좌기관의 **명의**로 한다.

(5) 발신할 필요가 없는 **내부결재문서는 발신명의를 표시하지 아니한다.**

2. 권한대행 또는 직무대리의 표시

(1) **행정기관의 장의 권한을 대행하거나 직무를 대리하는 사람**이 발신명의와 함께 본인의 성명을 적는 경우에는 **"권한대행"** 또는 **"직무대리"의 표시**를 하고 그 **직위를 적어야 한다.**

(2) **보조기관이나 보좌기관의 직무를 대리하는 사람**이 보조기관이나 보좌기관의 발신명의에 서명을 하는 경우에는 **서명 앞에 "직무대리"의 표시**를 하여야 한다.

작성연습

1. 발신명의의 표시

(1) _____으로 한다.

(2) _____에 속하는 문서의 발신명의는 _____으로 한다.

(3) 법령에 의하여 _____에는 _____의 명의로 발신한다.

(4) _____
_____로 한다.

(5) 발신할 필요가 없는 _____.

2. 권한대행 또는 직무대리의 표시

(1) _____이 발신명의와 함께 본인의 성명을 적는 경우에는 _____
_____.

(2) _____이 보조기관이나 보좌기관의 발신명의에 서명을 하는 경우에는 _____를 하여야 한다.

일반기안의 구성(결문)

3. 기안자 · 검토자 · 협조자 · 결재권자의 직위나 직급 및 서명

⑴ 기안자는 기안문의 기안자란에, 검토 또는 협조자는 검토자 또는 협조자란에, 결재권자는 결재사란에 **직위 또는 직급을 쓰고 서명란에 서명**한다.

⑵ 직위가 있으면 **그 직위를 온전하게 쓰되, 기관장과 부기관장의 직위는 간략하게 쓸 수 있다.**

⑶ 직위가 없으면 **직급을 온전하게 쓰되, 6급 이하 공무원의 직급은 각급** 행정기관이 직급을 대신하여 **대외적으로 사용하도록 정한 대외직명을 적을 수도 있다.**

⑷ **서명은** 기안자, 검토자, 협조자, 결재권자가 자기의 성명을 다른 사람이 알아볼 수 있도록 **한글로 쓰거나 전자이미지서명 또는 전자문자서명을 전자적으로 표시**한다.

4. 생산등록번호(시행일) 및 접수등록번호(접수일)

⑴ 생산등록번호 또는 접수등록번호를 **업무관리시스템이나 전자문서시스템에 의하여 전자적으로 표시**한다.

⑵ 문서에 생산 또는 접수등록번호를 표시하는 때에는 **처리과명과 연도별 일련번호를 붙임표 (-)로 이어 쓰되,** 처리과가 없는 행정기관의 경우에는 처리과명을 대신하여 행정기관명 또는 10자 이내의 행정기관명 약칭을 쓴다.

⑶ 민원문서로서 필요한 경우에는 **시행일과 접수일란에 시 · 분까지 기재**한다.

5. 행정기관의 **우편번호 · 주소 · 홈페이지주소 · 전화번호 · 팩스번호,** 공무원의 **전자우편주소와 공개 구분** 등을 기재한다.

작성연습

3. 기안자 · 검토자 · 협조자 · 결재권자의 직위나 직급 및 서명

(1) 기안자는 기안문의 기안자란에, 검토 또는 협조자는 검토자 또는 협조자란에, 결재권자는 결재자란에 _____한다.

(2) 직위가 있으면 _____, _____의 직위는 간략하게 쓸 수 있다.

(3) 직위가 없으면 _____, _____의 직급은 각급 행정기관이 직급을 대신하여 _____.

(4) _____ 기안자, 검토자, 협조자, 결재권자가 자기의 성명을 다른 사람이 알아볼 수 있도록 _____한다.

4. 생산등록번호(시행일) 및 접수등록번호(접수일)

(1) 생산등록번호 또는 접수등록번호를 _____ _____한다.

(2) 문서에 생산 또는 접수등록번호를 표시하는 때에는 _____ _____, 처리과가 없는 행정기관의 경우에는 처리과명을 대신하여 행정기관명 또는 10자 이내의 행정기관명 약칭을 쓴다.

(3) 민원문서로서 필요한 경우에는 _____한다.

5. 행정기관의 _____ _____ 등을 기재한다.

기안의 의미, 기안의 원칙과 기안의 자격

1. 기안이란?

기안이라 함은 **행정기관의 의사를 결정하기 위하여 문안을 작성**하는 것을 말한다. 기안은 주로 **상급사의 지시사항이나 접수한 분서를 처리**하기 위하여 행하여지나, **법령·훈령·예규 등**을 근거로 하거나 **순수한 자기발안**으로 이루어지기도 한다.

2. 기안의 원칙과 기안자의 자격

(1) 기안의 원칙

문서의 기안은 **전자문서로 하는 것을 원칙**으로 한다. 다만, 업무의 성질상 전자문서로 기안하기 곤란하거나 그 밖의 특별한 사정이 있으면 그러하지 아니하다.

(2) 기안자의 자격

분장 받은 업무를 담당하는 자, 처리담당자 등 **공무원이면 누구든지 기안자가 될 수** 있다. 또한 **결재권자**는 접수문서를 공람할 때 처리담당자를 따로 **지정할 수** 있으므로 이 경우 지정된 자도 기안자가 된다.

작성연습

1. 기안이란?

기안이라 함은 _____하는 것을 말한다.
기안은 주로 _____하기 위하여 행하여지나,
_____을 근거로 하거나 _____으로 이루어지기도 한다.

2. 기안의 원칙과 기안자의 자격

(1) _____

문서의 기안은 _____으로 한다. 다만, 업무의 성질상 전자문서
로 기안하기 곤란하거나 그 밖의 특별한 사정이 있으면 그러하지 아니하다.

(2) _____

분장 받은 업무를 담당하는 자, 처리담당자 등 _____
있다. 또한 _____는 접수문서를 공람할 때 처리담당자를 따로 _____ 있으므
로 이 경우 지정된 자도 기안자가 된다.

기안문 작성 시 고려사항

1. 작성 전 고려사항

(1) 기안자는 **안건에 관련된 문제를 파악하고 관계 규정 및 과거 행정선례를 숙지**하고 있어야 힌다.

(2) 기안하는 **목적과 필요성**을 파악하고 **자료를 수집·분석**하며 필요한 경우에는 설문조사, 실태조사, 회의 등을 통하여 **의견을 청취**한다.

(3) 복잡한 기안의 경우에는 **초안을 작성하여** 논리의 일관성을 해치는 내용이나 빠지는 사항이 없도록 검토한 다음 작성한다.

2. 작성 시 유의사항

(1) **정확성**

일반적으로 6하원칙에 따라 작성하고, **오탈자나 잘못된 표현** 등이 없어야 한다.

(2) **용이성**

이해하기 쉽고, 문장은 가급적 **항목**별로 표현하며, 복잡한 내용은 먼저 **결론을 내린 후** 이유를 설명한다.

(3) **성실성**

성의 있고 진실하게 작성하고, 상대방에게 **불쾌감**을 주거나 상대방을 **무시**하는 표현은 피한다.

(4) **경제성**

일상적이고 **반복적인 업무는 표준 기안문을 활용**하고, 용지의 규격·지질을 표준화한다. 한눈에 내용을 파악할 수 있게 1건 1매 주의로 작성한다.

작성연습

1. 작성 전 고려사항

(1) 기안자는 _____ 하고 있어야 한다.

(2) 기안하는 _____을 파악하고 _____하며 필요한 경우에는 설문조사, 실태조사, 회의 등을 통하여 _____한다.

(3) 복잡한 기안의 경우에는 _____ 논리의 일관성을 해치는 내용이나 빠지는 사항이 없도록 검토한 다음 작성한다.

2. 작성 시 유의사항

(1) _____

일반적으로 _____하고, _____ 등이 없어야 한다.

(2) _____

_____, 문장은 가급적 ___별로 표현하며, 복잡한 내용은 먼저 _____ 이유를 설명한다.

(3) _____

_____하고, 상대방에게 _____을 주거나 상대방을 ___하는 표현은 피한다.

(4) _____

일상적이고 _____하고, 용지의 규격·지질을 표준화한다. 한눈에 내용을 파악할 수 있게 _____한다.

일괄기안의 의미와 작성 및 시행방법

1. 일괄기안의 의미

일괄기안은 기안하려는 **여러 문서의 내용이 서로 관련성이 있는 경우** 각 문서의 내용을 **하나의 기안문으로 일괄하여 기안**하는 것을 말한다.

2. 작성 및 시행방법

(1) 일괄기안은 **각각의 기안문에** 작성한다. 이 경우 각각의 기안문에는 두문, 본문 및 결문의 구성요소가 모두 포함되어야 한다.

(2) 각각의 기안문에는 **제1안 · 제2안 · 제3안 · 제4안** 등의 용어를 쓰지 않는다.

(3) **제목은** 각 안의 내용 및 성격에 따라 **다르게 설정할 수 있다.**

(4) 특별한 사유가 있는 경우를 제외하고는 각각 **다른 생산등록번호**를 사용하여 **같은 날짜로 시행**하여야 한다.

(5) **발송할 것을 전제로 하는 기안문**이 제1안 내부결재의 내용과 동일한 경우에는 **내부결재 안건을 별도로 작성할 필요 없이** 생략할 수 있다.

(6) 대내외로 발송할 문서의 경우, **각각의 기안문에 발신명의를 모두 표시**해야 한다.

작성연습

1. 일괄기안의 의미

일괄기안은 기안하려는 _____ 각 문서
의 내용을 _____하는 것을 말한다.

2. 작성 및 시행방법

(1) 일괄기안은 _____ 작성한다. 이 경우 각각의 기안문에는 두문, 본문 및
결문의 구성요소가 모두 포함되어야 한다.

(2) 각각의 기안문에는 _____ 등의 용어를 쓰지 않는다.

(3) _____ 각 안의 내용 및 성격에 따라 _____.

(4) 특별한 사유가 있는 경우를 제외하고는 각각 _____를 사용하여 ____
_____하여야 한다.

(5) _____이 제1안 내부결재의 내용과 동일한 경우에는
_____ 생략할 수 있다.

(6) 대내외로 발송할 문서의 경우, _____해야 한다.

Theme 20 공동기안의 의미와 작성 및 시행방법

1. 공동기안의 의미

공동기안이란 2 이상의 행정기관의 장의 결재를 받아 공동 명의로 시행하기 위하여 문안을 **작성**하는 것을 말한다.

2. 작성 및 시행방법

(1) 공동기안 문서는 그 문서처리를 **주관하는** 기관에서 기안하여 먼저 그 기관의 장의 결재를 받은 후 **관계 행정기관의 장의 결재**를 받는다.

(2) 공동기안은 **관계기관의 장의 결재를 받기 전에 그 기관의 해당 보조기관 등과 충분한 사전협의**가 있어야 한다.

(3) 공동기안 문서는 해당 문서의 **처리를 주관하는 행정기관의 문서(기록물) 등록대장에 등록**하고 그 등록번호를 부여하는 등 주관기관의 문서 처리절차에 따른다.

(4) 공동기안문의 발신명의 표시

① 해당 문서처리를 **주관하는 행정기관 장의 명의**를 맨 위에 표시하고, **관계 행정기관 장의 명의**를 그 밑에 표시한다.

② 관계 행정기관의 장이 동일 직위일 때에는 『**정부조직법**』에 의한 부 · 처 · 청의 순위에 따라 **표시하고, 동일 직급이 아닌 때에는 상위 직급 행정기관 장의 명의부터 표시**한다.

작성연습

1. 공동기안의 의미

공동기안이란 _____

_____하는 것을 말한다.

2. 작성 및 시행방법

(1) 공동기안 문서는 그 문서처리를 _____

_____ 받은 후 _____를 받는다.

(2) 공동기안은 _____

_____가 있어야 한다.

(3) 공동기안 문서는 해당 문서의 _____

_____하고 그 등록번호를 부여하는 등 주관기관의 문서 처리절차에 따른다.

(4) 공동기안문의 발신명의 표시

① 해당 문서처리를 _____를 맨 위에 표시하고, _____

_____를 그 밑에 표시한다.

② 관계 행정기관의 장이 동일 직위일 때에는 _____

_____하고, 동일 직급이 아닌 때에는 _____

_____한다.

Theme 21 > 검토 및 협조

1. 검토

(1) 검토의 개념

검토는 보조기관 또는 보좌기관이 그 소속 공무원이 **기안한 내용을 분석**하고 **점검하여 동의 여부를 결정**하는 것을 말하며, 직제상 **수직적** 합의를 의미한다.

(2) 검토 절차

① 기안자는 기안문의 형식·내용을 최종적으로 확인한 후 **기안자란에** 서명하고, 결재권자의 결재를 받기 전에 **하위 보조(보좌)기관에서 상위 보조(보좌)기관의 순으로** 검토를 받는다.

② 보조기관 또는 보좌기관이 출장 등의 사유로 검토할 수 없는 등 **부득이한 경우에는 검토를 생략할 수 있으며,** 이 경우 **검토자의 서명란에 출장 등의 사유를 적어야 한다.**

(3) 검토 사항

① **소관사항** 및 **업무 절차** 등을 검토한다.

② **법정 요건 충족 여부, 재량의 범위 적합성, 예산상의 조치가 필요한지** 등을 검토한다.

2. 협조

(1) 협조의 개념

기안문의 내용과 **관련이 있는 다른 부서나 기관의 합의**를 얻는 것으로, 직제상 **수평적 합의**를 의미한다.

(2) 협조 절차

일반적으로 **소관 부서의 장이 검토 후 관련 부서의 장의 협조**를 거친다.

3. 다른 의견의 표시 등

검토자나 협조자가 다른 의견을 표시하는 경우에는 **직위나 직급 다음에 "(의견 있음)"이라고 표시**하여야 한다.

(1) 기안문을 검토하는 경우에 그 내용과 다른 의견이 있으면 **기안문을 직접 수정하거나 기안문 또는 별지에 그 의견을 표시**하여야 한다.

(2) 협조하는 경우에 그 내용과 다른 의견이 있으면 **기안문 또는 별지에 그 의견을 표시**하여야 한다.

작성연습

1. 검토

(1) 검토의 개념

검토는 보조기관 또는 보좌기관이 그 소속 공무원이 _____
_____하는 것을 말하며, 직제상 _____ 합의를 의미한다.

(2) 검토 절차

① 기안자는 기안문의 형식·내용을 최종적으로 확인한 후 _____에 서명하고,
결재권자의 결재를 받기 전에 _____
_____ 검토를 받는다.

② 보조기관 또는 보좌기관이 출장 등의 사유로 검토할 수 없는 등 _____
_____, 이 경우 _____
_____.

(3) 검토 사항

① _____ 및 _____ 등을 검토한다.
② _____, _____, _____ 등을 검토한다.

2. 협조

(1) 협조의 개념

기안문의 내용과 _____를 얻는 것으로, 직제상 ____
_____를 의미한다.

(2) 협조 절차

일반적으로 _____를 거친다.

3. 다른 의견의 표시 등

검토자나 협조자가 다른 의견을 표시하는 경우에는 _____
_____하여야 한다.

(1) 기안문을 검토하는 경우에 그 내용과 다른 의견이 있으면 _____
_____하여야 한다.

(2) 협조하는 경우에 그 내용과 다른 의견이 있으면 _____
하여야 한다.

결재의 기능과 종류

1. 결재의 개념

결재란 **해당 사안에 대하여 행정기관의 의사를 결정할 권한이 있는 자가 그 의사를 결정하는 행위**를 말한다.

2. 결재의 기능

(1) 순기능

① 기관의 의사결정과정에서 **현실적이고 실무적인 사정을 반영**할 수 있다.
② 결재권자의 의사결정에 **필요한 지식과 정보를 제공·보완**시켜 준다.
③ 하위직원의 **창의·연구 및 훈련의 기회로 활용**될 수 있다.
④ 결재과정을 통해 직원의 **직무수행에 대한 통제**가 가능하다.

(2) 역기능

① 여러 검토 과정을 거치면서 **의사결정이 지연**되기 쉽다.
② 상위자의 결정에 의존하기 때문에 **하위자가 창의성을 발휘하기 어렵고, 소극적으로 업무**하게 된다.
③ 결재 과정이 **형식적인 확인 절차**에 그치는 경우도 많다.
④ 결재안건이 몰리게 되면 **상세한 내용 검토가 어렵고**, 상위자는 **정책 구상 등에 시간을 할애하기** 어렵게 된다.

(3) 역기능 해소 방안

① 결재권을 하위자에게 대폭 **위임**한다.
② 검토 과정이나 업무처리 **절차를 간소화**한다.
③ 안건에 따라 상위자가 **직접 기안하거나 처리지침을 지시**한다.

작성연습

1. 결재의 개념

결재란 _____
_____를 말한다.

2. 결재의 기능

(1) 순기능

① 기관의 의사결정과정에서 _____할 수 있다.

② 결재권자의 의사결정에 _____시켜 준다.

③ 하위직원의 _____될 수 있다.

④ 결재과정을 통해 직원의 _____가 가능하다.

(2) 역기능

① 여러 검토 과정을 거치면서 _____되기 쉽다.

② 상위자의 결정에 의존하기 때문에 _____
_____하게 된다.

③ 결재 과정이 _____에 그치는 경우도 많다.

④ 결재안건이 몰리게 되면 _____, 상위자는 _____
_____ 어렵게 된다.

(3) 역기능 해소 방안

① 결재권을 하위자에게 대폭 ____한다.

② 검토 과정이나 업무처리 _____한다.

③ 안건에 따라 상위자가 _____한다.

결재의 기능과 종류

3. 결재의 종류

(1) 결재

결재란 법령에 따라 소관사항에 대한 **행정기관의 의사를 결정할 권한을 가진 자가 직접 그 의사를 결정**하는 행위를 말한다.

(2) 전결

전결이란 행정기관의 장으로부터 업무의 내용에 따라 **결재권을 위임받은 자가 행하는 결재**를 말한다.

(3) 대결

대결이란 결재권자가 휴가, 출장, 그 밖의 사유로 결재할 수 없을 때에 그 직무를 대리하는 자가 행하는 결재를 말한다. 대결한 문서 중에서 내용이 **중요하다고** 판단되는 문서는 결재권자에게 사후에 **보고**하여야 한다.

작성연습

3. 결재의 종류

(1) ____

_____ 소관사항에 대한 _____
_____하는 행위를 말한다.

(2) ____

_____ 행정기관의 장으로부터 업무의 내용에 따라 _____
_____를 말한다.

(3) ____

_____
_____를 말한다. 대결한 문서 중에서 내용이 _____
_____하여야 한다.

결재의 효과 및 표시, 결재를 받은 문서의 수정

1. 결재의 효과

문서는 **결재권자가 해당 문서에 서명**(전자이미지서명, 전자문자서명 및 행정전자서명을 포함)의 방식으로 **결재함으로써 성립**한다.

2. 결재의 표시

(1) 결재의 표시

행정기관의 장이 결재하는 경우에는 **기관장의 직위를 직위란에 간략히 표시하고 결재란에 서명**하며, 결재권자의 서명란에는 **서명날짜를 함께 표시**한다.

(2) 전결의 표시

전결하는 사람의 서명란에 "전결" 표시를 한 후 서명하며, 서명하지 않는 사람의 결재란은 설치하지 않는다.

(3) 대결의 표시

① **위임전결 사항이 아닌 사항을 대결하는 경우** 대결하는 사람의 **서명란에 "대결" 표시를 하고 서명**하며, 서명하지 않는 사람의 결재란은 설치하지 않는다.

② **위임전결 사항을 대결하는 경우** 전결하는 사람의 **서명란에 "전결" 표시를 한 후 대결하는 사람의 서명란에 "대결" 표시를 하고 서명**하여야 한다.

3. 결재를 받은 문서의 수정

(1) 원칙

결재를 받은 문서의 **일부분을 삭제하거나 수정할 때에는 재작성하여 결재**를 받아야 한다.

(2) 종이문서의 경우

종이로 인쇄하여 수기로 결재를 받은 문서의 경우 **명백한 오류의 정정 등 경미한 사항인 경우에는 원안의 글자를 알 수 있도록 해당 글자의 중앙에 가로로 두 선을 그어 삭제하거나 수정**하고, 삭제하거나 수정한 사람이 그곳에 **서명이나 날인**을 하여야 한다.

작성연습

1. 결재의 효과

문서는 _____

_____의 방식으로 _____한다.

2. 결재의 표시

(1) 결재의 표시

행정기관의 장이 결재하는 경우에는 _____

하며, 결재권자의 서명란에는 _____한다.

(2) 전결의 표시

_____하며, 서명하지 않는 사람의

결재란은 설치하지 않는다.

(3) 대결의 표시

① _____ 대결하는 사람의 _____

_____하며, 서명하지 않는 사람의 결재란은 설치하지 않는다.

② _____

_____하여야 한다.

3. 결재를 받은 문서의 수정

(1) 원칙

결재를 받은 문서의 _____를 받아야

한다.

(2) 종이문서의 경우

종이로 인쇄하여 수기로 결재를 받은 문서의 경우 _____

_____

하고, 삭제하거나 수정한 사람이 그곳에 _____을 하여야 한다.

문서의 등록 및 등록 방법

1. 등록 대상 문서 및 항목

(1) 등록 대상 문서

① 해당 부서에서 **기안하여 결재를 받은 모든 문서**
② 기안문 형식 외의 방법으로 작성하여 결재권자의 결재를 받은 문서
③ 접수한 문서

(2) 등록 항목

등록구분, 제목, 단위업무명(기록물철), **기안자(업무담당자), 결재권자, 생산(접수)등록번호, 생산(접수)등록일자, 수신자(발신자), 공개구분** 등

2. 등록 방법

(1) 행정기관이 생산(접수)한 문서는 해당 문서에 대한 **결재(접수)가 끝난 즉시 결재(접수)일자 순에 따라** 반드시 각 처리과별로 업무관리시스템 또는 전자문서시스템에 의하여 **문서(기록물)등록대장에 등록하고 생산(접수)등록번호를 부여**하여야 한다.

(2) 문서의 **등록번호**는 처리과별로 문서(기록물)등록대장에 생산문서 · 접수문서를 통합하여 **등록된 순서에 따라 연도별 일련번호를 부여**하여 관리한다.

① 시스템상 등록번호: **처리과 기관코드와 연도별 등록 일련번호**로 구성
② 문서상 등록번호: **처리과명과 연도별 등록 일련번호**로 구성
③ 내부결재 문서는 문서(기록물)등록대장의 **수신자란에 "내부결재"**라고 표시
④ 전자적으로 문서 등록 표시를 할 수 없는 결재문서: 문서의 표지 **왼쪽 상단에 문서 등록(생산등록번호)의 표시**
⑤ 일반문서에 첨부된 녹음테이프, 큰 도면 등 **기록물 종류나 규격이 달라 함께 관리가 곤란한 첨부물: 별도로 등록**

(3) 생산등록번호 외에 행정안전부령으로 정하는 번호의 부여

① 법규문서: **누년 일련번호**
② 지시문서: 훈령 및 예규에는 **누년 일련번호**, 일일명령에는 **연도별 일련번호**, 지시에는 **연도표시 일련번호**
③ 공고문서: **연도표시 일련번호**

작성연습

1. 등록 대상 문서 및 항목

(1) 등록 대상 문서

① 해당 부서에서 _____

② _____

③ _____

(2) 등록 항목

등록구분, 제목, 단위업무명(기록물철), _____

_____, 수신자(발신자), 공개구분 등

2. 등록 방법

(1) 행정기관이 생산(접수)한 문서는 해당 문서에 대한 _____

_____ 반드시 각 처리과별로 업무관리시스템 또는 전자문서시스템에

의하여 _____하여야 한다.

(2) 문서의 _____는 처리과별로 문서(기록물)등록대장에 생산문서·접수문서를 통

합하여 _____하여 관리한다.

① 시스템상 등록번호 : _____로 구성

② 문서상 등록번호 : _____로 구성

③ 내부결재 문서는 문서(기록물)등록대장의 _____라고 표시

④ 전자적으로 문서 등록 표시를 할 수 없는 결재문서 : 문서의 표지 _____

_____

⑤ 일반문서에 첨부된 녹음테이프, 큰 도면 등 _____

_____ : _____

(3) 생산등록번호 외에 행정안전부령으로 정하는 번호의 부여

① 법규문서 : _____

② 지시문서 : 훈령 및 예규에는 _____, 일일명령에는 _____, 지

시에는 _____

③ 공고분서 : _____

문서의 시행

1. 문서 시행

(1) 문서 시행의 의미

문서의 시행은 결재를 통해서 행정기관 내부의 의사결정이 확정된 문서가 **외부적으로 효력이 발생**하는 것을 의미한다.

(2) 문서 시행의 절차

문서를 시행하기 위해서는 일반적으로 **시행문의 작성 → 관인 날인 또는 서명 → 발신** 등의 절차를 거친다.

(3) 문서 시행의 방법

문서를 시행하는 방법으로 **홈페이지 게시, 관보 게재, 고시·공고, 교부 등**의 과정을 거친다.

2. 시행문의 작성

(1) 일반 사항

결재가 끝난 일반기안문에 관인을 찍으면 시행문이 된다. 다만, 수신자의 개인정보 보호 등을 위하여 필요할 때에는 **수신자별로 시행문을 작성, 시행**하여야 한다.

① **전자문서**

업무관리시스템 또는 전자문서시스템에서 **전자이미지관인**을 찍으면 시행문이 된다.

② **종이문서**

결재받은 **기안문을 복사하여 관인**을 찍으면 시행문이 된다.

(2) 예외사항

① 전신·전신타자·전화로 발신하는 문서는 시행문을 작성하지 아니하나, 시행문 형식으로 발신한다.

② 서식 자체를 **기안문·시행문으로 갈음할 수 있도록 설계**된 서식으로 기안한 경우에도 별도의 시행문을 작성하지 아니하고 해당 문서의 **발신명의란에 관인을 찍거나 행정기관의 장이 서명하여 시행**할 수 있다.

작성연습

1. 문서 시행

(1) 문서 시행의 의미

문서의 시행은 결재를 통해서 행정기관 내부의 의사결정이 확정된 문서가 _____ _____하는 것을 의미한다.

(2) 문서 시행의 절차

문서를 시행하기 위해서는 일반적으로 _____ ____ 등의 절차를 거친다.

(3) 문서 시행의 방법

문서를 시행하는 방법으로 _____의 과정을 거친다.

2. 시행문의 작성

(1) 일반 사항

_____ 시행문이 된다. 다만, 수신자의 개인정보 보호 등을 위하여 필요할 때에는 _____하여야 한다.

① _____

업무관리시스템 또는 전자문서시스템에서 _____을 찍으면 시행문이 된다.

② _____

결재받은 _____을 찍으면 시행문이 된다.

(2) 예외사항

① _____ _____한다.

② 서식 자체를 _____된 서식으로 기안한 경우에도 별도의 시행문을 작성하지 아니하고 해당 문서의 _____ _____할 수 있다.

관인 날인 또는 서명 등

1. 관인을 날인하거나 서명하는 문서

(1) **행정기관의 장 또는 합의제기관의** 명의로 발신하는 문서

시행문 및 각종 증명서에 속하는 문서에는 관인을 찍거나 행정기관의 장이 서명한다. 관인은 발신명의 표시의 **마지막 글자가 인영의 가운데에 오도록** 찍는다. 다만, **등·초본 등 민원서류**를 발급할 때 사용하는 직인은 **발신명의 표시의 오른쪽에 찍을 수 있다.** 다만, **행정기관의 장의 명의**로 발신하는 문서의 발신명의에는 **행정기관의 장이 관인의 날인을 갈음하여 서명을 할 수도 있다.**

(2) **보조기관 또는 보좌기관의** 명의로 발신하는 문서

행정기관 내의 보조기관 또는 보좌기관 상호 간에 발신하는 문서의 발신명의에는 **보조기관 또는 보좌기관이 서명하여 시행**하되, 전자이미지서명, 전자문자서명, 행정전자서명은 전자적으로 자동 생성되도록 하여야 한다. 다만, 보조기관이나 보좌기관의 직무를 대리하는 사람이 **서명을 하는 경우에는 서명 앞에 "직무대리"의 표시**를 하여야 한다.

2. 관인을 찍는 사람

관인을 찍는 문서인 경우로서 전자문서인 경우에는 **처리과의 기안자나 문서의 수신·발신업**무를 담당하는 사람이 **전자이미지관인**을 찍고, 종이문서인 경우에는 **관인을 관리**하는 사람이 관인을 찍는다.

작성연습

1. 관인을 날인하거나 서명하는 문서

(1) _____ 명의로 발신하는 문서

_____에 속하는 문서에는 관인을 찍거나 행정기관의 장이 서명한다. 관인은 발신명의 표시의 _____ 찍는다. 다만, _____를 발급할 때 사용하는 직인은 _____ _____. 다만, _____로 발신하는 문서의 발신명의에는 _____ _____.

(2) _____ 명의로 발신하는 문서

행정기관 내의 보조기관 또는 보좌기관 상호 간에 발신하는 문서의 발신명의에는 _____하되, 전자이미지서명, 전자문자서명, 행정전자서명은 전자적으로 자동 생성되도록 하여야 한다. 다만, 보조기관이나 보좌기관의 직무를 대리하는 사람이 _____를 하여야 한다.

2. 관인을 찍는 사람

관인을 찍는 문서인 경우로서 전자문서인 경우에는 _____ _____업무를 담당하는 사람이 _____을 찍고, 종이문서인 경우에는 _____하는 사람이 관인을 찍는다.

관인 날인 또는 서명 등

3. 관인 날인 또는 서명을 생략하는 문서

(1) **생략 표시를 하지 않는 문서**

특정한 기관에 발송하는 문서와 달리 **관보나 신문 등에 실리는 문서**에는 관인을 찍거나 서명하지 않는다.

(2) **생략 표시를 해야 하는 문서**

① 대상문서

㉠ **일일명령 등** 단순 업무처리에 관한 **지시문서**

㉡ 행정기관 또는 보조(보좌)기관 간의 **단순한 자료요구, 업무연락, 통보 등**을 위한 문서

② **표시위치 : 발신명의 표시의 오른쪽**

㉠ 관인날인 생략의 표시 : **행정기관장 및 합의제기관 명의의 발신문서**

㉡ 서명 생략의 표시 : **보조(보좌)기관 상호 간 발신문서**

4. 관인의 인영을 인쇄하여 사용하는 문서

(1) 관인을 찍어야 할 문서로서 **다수의 수신자에게 동시에 발신 또는 교부**하거나 알리는 문서에는 관인의 날인을 갈음하여 관인의 인영을 인쇄하여 사용할 수 있다.

(2) 관인의 인영을 인쇄하여 사용하려면 미리 **관인을 관리하는 부서의 장과 협의하고 해당 행정기관의 장의 승인을 받아야** 한다.

(3) 관인의 인영을 **실제 규격대로 인쇄하기 어려운 경우**에는 문서의 크기, 용도에 따라 인영의 크기를 **적절하게 축소하여 인쇄**할 수 있다.

(4) **처리과의 장**은 관인의 인영을 인쇄하여 사용하는 경우에는 다른 법령에 특별한 규정이 없으면 **관인인쇄용지 관리대장을 갖추어 두고 관인의 인영을 인쇄하여 사용한 내용을 기록하고 유지**하여야 한다.

작성연습

3. 관인 날인 또는 서명을 생략하는 문서

(1) _____

특정한 기관에 발송하는 문서와 달리 _____에는 관인을 찍거나 서명하지 않는다.

(2) _____

① 대상문서
  ㉠ _____ 단순 업무처리에 관한 _____
  ㉡ 행정기관 또는 보조(보좌)기관 간의 _____을 위한 문서
② _____ : _____
  ㉠ 관인날인 생략의 표시 : _____
  ㉡ 서명 생략의 표시 : _____

4. 관인의 인영을 인쇄하여 사용하는 문서

(1) 관인을 찍어야 할 문서로서 _____하거나 알리는 문서에는 관인의 날인을 갈음하여 관인의 인영을 인쇄하여 사용할 수 있다.

(2) 관인의 인영을 인쇄하여 사용하려면 미리 _____ _____ 한다.

(3) 관인의 인영을 _____에는 문서의 크기, 용도에 따라 인영의 크기를 _____할 수 있다.

(4) _____은 관인의 인영을 인쇄하여 사용하는 경우에는 다른 법령에 특별한 규정이 없으면 _____ _____하여야 한다.

문서의 발신(발신 원칙)

1. 발신 원칙

(1) 문서는 **직접 처리하여야 할 행정기관에** 발신한다. 다만, 필요한 경우에는 **행정조직상의 계통에 따라 발신**한다.

(2) 하급기관이 **바로 위 상급기관 외의 상급기관에 발신**하는 문서 중에서 **필요하다고 인정되는** 문서는 **그 바로 위 상급기관을 거쳐** 발신하여야 한다.

(3) **상급기관이 바로 아래 하급기관 외의 하급기관에 발신**하는 문서 중에서 **필요하다고 인정되는 문서는 그 바로 아래 하급기관을 거쳐서 발신**하여야 한다.

(4) 문서는 **처리과**에서 발송한다. 다만, 인편 또는 우편으로 발송하는 경우에는 **문서과**의 지원을 받아 발송할 수 있다.

(5) 다음의 경우에는 문서를 생산한 처리과의 장의 승인을 받아 이미 **발신한 문서의 수신자를 변경하거나 추가하여** 다시 발신할 수 있다. 이 경우 **승인날짜 등 관련 정보를 업무관리시스템이나 전자문서시스템으로 관리**하여야 한다. 다만, 종이문서인 경우에는 **기안문의 결재권자 서명란 오른쪽 여백에 서명을 하고 승인날짜를 적는 방법으로 표시**하여야 한다.

① 결재권자나 해당 문서를 생산한 **처리과의 장의 지시**가 있는 경우
② **수신자의 명칭이 변경**된 경우
③ 착오로 인하여 **수신자를 누락하였거나 잘못 지정**한 경우
④ 해당 업무와 **관련된 기관의 요청**이 있는 경우

작성연습

1. 발신 원칙

(1) 문서는 _____ 발신한다. 다만, 필요한 경우에는 _____ _____한다.

(2) 하급기관이 _____하는 문서 중에서 _____ ___되는 문서는 _____ 발신하여야 한다.

(3) _____하는 문서 중에서 _____ _____되는 문서는 _____하여야 한다.

(4) 문서는 _____에서 발송한다. 다만, 인편 또는 우편으로 발송하는 경우에는 _____ 의 지원을 받아 발송할 수 있다.

(5) 다음의 경우에는 문서를 생산한 처리과의 장의 승인을 받아 이미 _____ _____하여 다시 발신할 수 있다. 이 경우 _____ _____하여야 한다. 다만, 종이문서인 경 우에는 _____ _____하여야 한다.

① 결재권자나 해당 문서를 생산한 _____가 있는 경우

② _____된 경우

③ 착오로 인하여 _____한 경우

④ 해당 업무와 _____이 있는 경우

문서의 발신(발신 방법)

2. 발신 방법

(1) 일반사항

① 정보통신망의 이용

문서는 **업무관리시스템이나 전자문서시스템 등의 정보통신망을** 이용하여 발신한다. 이 경우 그 **발신 기록을 전자적으로 관리**하여야 한다.

② 우편·팩스 등

업무의 성질상 정보통신망을 이용하여 발신하는 것이 적절하지 않거나 그 밖의 특별한 사정이 있으면 **우편·팩스 등의** 방법으로 문서를 발신할 수 있으며 이 경우 **발신 기록을 증명할 수 있는 관계 서류 등을 기안문과 함께 보관**하여야 한다.

③ 전자우편주소

행정기관이 아닌 자에게는 행정기관의 홈페이지나 행정기관이 공무원에게 부여한 **전자우편주소 등 공무원임을 확인할 수 있는 전자적인 방법**을 이용하여 문서를 발신할 수 있다.

④ 관인을 찍은 후 발송

문서는 **처리과에서 발신**하되, 관인을 찍는 문서인 경우로서 **전자문서**인 경우에는 처리과의 기안자나 문서의 수신·발신업무를 담당하는 사람이 전자이미지관인을 찍고, 종이문서인 경우에는 **관인을 관리하는 사람이 관인을 찍은 후** 처리과에서 발송한다.

작성연습

2. 발신 방법

(1) _____

① _____
문서는 _____ 이용하여 발신
한다. 이 경우 그 _____하여야 한다.

② _____
업무의 성질상 정보통신망을 이용하여 발신하는 것이 적절하지 않거나 그 밖의
특별한 사정이 있으면 _____ 방법으로 문서를 발신할 수 있으며 이
경우 _____하여야 한다.

③ _____
_____는 행정기관의 홈페이지나 행정기관이 공무원에게 부여한
_____을 이용하여 문서를
발신할 수 있다.

④ _____
_____하되, 관인을 찍는 문서인 경우로서 _____인 경우에
는 처리과의 _____
_____, _____인 경우에는 _____ 처리과
에서 발송한다.

문서의 발신(발신 방법)

(2) 특수사항 : 암호 또는 음어 송신

① 시행할 문서의 내용이 **비밀사항이거나** 비밀은 아니라도 누설되면 **국가안전보장,** 질서유지, 경제안정, **그 밖의 국가이익을 해칠 우려가 있는 내용의 문서**를 결재할 때 **결재권자**는 그 문서 내용의 암호화 등 보안 유지가 가능한 발신방법을 지정하여야 한다. 이 경우 **본문의 마지막에** "암호" 등으로 **발신방법을 표시**하여야 한다.

② 암호 등으로 발신할 문서 중 **비밀로 분류된 문서**는 송수신자 간에 서로 응답이 있는 경우에만 발신하여야 하며, 문서의 제목 다음이나 본문의 "끝" 또는 "이하빈칸" 표시 다음에 따옴표("")를 하고 그 안에 **비밀등급을 표시하여 발신**하여야 한다.

(3) 문서의 게시

단순한 업무 관련 지시 또는 자료요구, 업무연락, 통보, 공지사항, 일일명령 등의 문서는 업무관리시스템 또는 전자문서시스템의 **전자게시판이나 행정기관의 홈페이지** 등에 게시하여 시행할 수 있다.

(4) 관보 게재

관보에 게재하는 사항 중 **법령 공포의 통지, 대통령훈령,** 국무총리훈령, 대통령과 국무총리 지시사항의 통지, 각급 기관에 대한 인사발령 통지 등은 **관보에 게재되는 것으로 시행된다.**

작성연습

(2) _____ : _____

① 시행할 문서의 내용이 _____ 비밀은 아니라도 누설되면 _____,
질서유지, 경제안정, _____를 결재
할 때 _____
하여야 한다. 이 경우 _____ "암호" 등으로 _____하여야 한다.

② 암호 등으로 발신할 문서 중 _____
_____하여야 하며, 문서의 제목 다음이나 본문의 "끝" 또는 "이하
빈칸" 표시 다음에 따옴표("")를 하고 그 안에 _____하여야
한다.

(3) _____

_____, 업무연락, 통보, _____
는 업무관리시스템 또는 전자문서시스템의 _____
_____할 수 있다.

(4) _____

관보에 게재하는 사항 중 _____, 국무총리훈령, 대통령과 국
무총리 지시사항의 통지, 각급 기관에 대한 인사발령 통지 등은 _____
_____.

Theme 28 문서 등의 보안 유지

1. **행정기관의 장**은 문서를 수신 · 발신하는 경우에 **문서의 보안 유지와 위조, 변조**, 분실, 훼손 및 도난 방지를 위한 **적절한 조치를 마련하여야 한다.**

2. **행정기관의 장**은 보유하고 있는 **컴퓨터에 대하여 비밀번호를 부여**하여야 한다.

3. **업무관리시스템 또는 전자문서시스템**을 이용하여 문서를 작성 · 처리하고자 하는 자는 **개인별 사용자계정(ID) · 비밀번호 및 전자이미지서명을 등록하여 사용**한다. 이 경우 비밀번호는 최초로 등록한 후 즉시 변경하여야 한다.

4. 컴퓨터 및 개인별 **비밀번호는** 문서의 보호 및 보안유지를 위하여 **수시로 변경**하여야 한다.

작성연습

1. _____은 문서를 수신 · 발신하는 경우에 _____,
분실, 훼손 및 도난 방지를 위한 _____.

2. _____은 보유하고 있는 _____하여야 한다.

3. _____을 이용하여 문서를 작성 · 처리하고자 하는
자는 _____한다.
이 경우 비밀번호는 최초로 등록한 후 즉시 변경하여야 한다.

4. 컴퓨터 및 개인별 _____ 문서의 보호 및 보안유지를 위하여 _____하여
야 한다.

문서의 접수

1. 일반 사항

(1) 처리과

문서는 **처리과**에서 접수하며, 접수한 문서에는 **접수일시와 접수등록번호**를 전자적으로 표시한다. 접수란이 없거나 전자적으로 표시할 수 없는 문서인 경우에는 **두문의 오른쪽 여백에** '접수인'을 찍고 접수일시와 접수등록번호를 적는다.

(2) 문서과

문서과에서 받은 문서는 **문서과에서 접수일시를 전자적으로 표시하거나 적고 지체 없이 처리과에** 배부하여야 한다. 이 경우 **처리과는** 배부받은 문서에 **접수등록번호를** 표시하거나 적는다.

2. 행정기관 외의 자로부터 정보통신망으로 받은 문서

(1) 일반적인 접수절차를 거쳐 **업무관리시스템 또는 전자문서시스템상에서** 처리하되, **발신자의 주소와 성명 등이 불분명하거나 담당 업무와 관련이 없는 사항**인 경우에는 접수하지 아니할 수 있다.

(2) 또한, 접수하려는 문서의 **위조 · 변조 방지** 조치 등으로 인하여 그 문서에 **접수일시와 접수등록번호를 전자적으로 표시할 수 없는** 경우에는 이를 표시하지 아니할 수 있다.

작성연습

1. 일반사항

(1) _____

문서는 _____에서 접수하며, 접수한 문서에는 _____를 전자적으로 표시한다. 접수란이 없거나 전자적으로 표시할 수 없는 문서인 경우에는 _____를 적는다.

(2) _____

문서과에서 받은 문서는 _____ _____ 배부하여야 한다. 이 경우 _____ 배부받은 문서에 _____를 표시하거나 적는다.

2. _____

(1) 일반적인 접수절차를 거쳐 _____ 처리하되, _____인 경우에는 접수하지 아니할 수 있다.

(2) 또한, 접수하려는 문서의 _____ 조치 등으로 인하여 그 문서에 _____ _____ 경우에는 이를 표시하지 아니할 수 있다.

문서의 접수

3. 둘 이상의 보조(보좌)기관 관련 문서

둘 이상의 보조기관 또는 보좌기관과 관련 있는 문서의 경우에는 **관련성이 가장 높은 보조기관 또는 보좌기관이 처리과로서 문서를 접수**한다. 문서를 접수한 처리과는 **문서와 관련이 있는 다른 보조기관 또는 보좌기관에 접수한 문서의 내용을** 통보하여야 한다.

4. 경유문서의 처리

경유문서를 접수한 기관은 **해당 기관장의 명의로 다른 경유기관의 장이나 최종 수신자에게 경유문서를 첨부하여 발신**하여야 한다. 이 경우 해당 기관의 의견이 있으면 **그 의견을 시행문 본문에 표시하거나 첨부하여** 보내야 한다.

5. 당직근무자가 받은 문서

당직근무자가 문서를 받았으면 **다음 근무시간 시작 후 지체 없이 문서과에 인계**하여야 한다.

6. 팩스로 받은 문서

감열기록방식의 팩스로 보존기간이 3년 이상인 문서를 수신하였을 때에는 **그 문서를 복사하여 접수**하여야 한다. 이 경우 수신한 문서는 폐기한다.

작성연습

3. _____

둘 이상의 보조기관 또는 보좌기관과 관련 있는 문서의 경우에는 _____
_____ 문서를 접수한다. 문서를 접수한 처리과
는 _____ 통보
하여야 한다.

4. _____

경유문서를 접수한 기관은 _____
_____하여야 한다. 이 경우 해당 기관의 의견이 있으면
_____하여 보내야 한다.

5. _____

당직근무자가 문서를 받았으면 _____하
여야 한다.

6. _____

_____를 수신하였을 때에는 _____
_____하여야 한다. 이 경우 수신한 문서는 폐기한다.

문서의 반송 및 이송

Theme 30

1. 문서의 반송

(1) 행정기관 간의 반송

접수한 문서에 형식상의 흠이 있으면 그 문서의 **생산등록번호, 시행일, 제목 및 반송사유**를 구체적으로 밝혀 발신한 행정기관의 장에게 반송할 수 있다.

(2) 보조기관 또는 보좌기관 간의 반송

처리과에서 그 소관에 속하지 아니하는 문서를 접수한 때에는 **지체 없이 그 문서를 발신한 처리과**에 반송하여야 하며, **문서과로부터 배부받은 문서**인 경우에는 **문서과에 재배부 요청**을 하여야 한다.

2. 문서의 이송

(1) 행정기관 간의 이송

행정기관의 장은 접수한 문서가 **다른 행정기관의 소관사항인 경우**에는 그 문서를 지체 없이 소관 행정기관의 장에게 이송하여야 한다.

(2) 보조기관 또는 보좌기관 간의 이송

처리과에서 접수한 문서가 **다른 보조기관이나 보좌기관의 소관사항인 경우**에는 지체 없이 소관 보조기관 또는 보좌기관에 이송하여야 한다.

작성연습

1. 문서의 반송

(1) _____

_____ 그 문서의 _____

_____ 반송할 수 있다.

(2) _____

_____ 그 소관에 속하지 아니하는 문서를 접수한 때에는 _____

_____ 반송하여야 하며, _____인 경우에는 _____

_____을 하여야 한다.

2. 문서의 이송

(1) _____

_____ 접수한 문서가 _____에는 그 문서를

지체 없이 _____ 이송하여야 한다.

(2) _____

_____ 접수한 문서가 _____에는 지

체 없이 _____ 이송하여야 한다.

문서의 공람

1. 문서의 공람

처리과의 문서 수신·발신 업무 담당자는 접수한 문서를 **처리담당자**에게 인계하고 **처리담당자는 해당 문서에 대한 공람할 자의 범위를 정하여 문서를** 공람하게 할 수 있다.

2. 대상문서

(1) **결재권자로부터 처리지침**을 받아야 할 필요가 있는 문서

(2) **민원문서**

(3) 행정기관이나 보조기관 또는 보좌기관 간의 **업무협조에 관한 문서**

(4) 접수된 문서를 처리하기 위하여 **미리 검토할 필요가 있는 문서**

(5) 그 밖에 공무원의 신상, 교육·훈련 등과 관련하여 **공무원이 알아야** 할 필요가 있는 문서

3. 공람의 표시

업무관리시스템 또는 전자문서시스템상에서 **공람하였다는 기록**(공람자의 직위 또는 직급, 성명 및 공람일시 등)**이 자동으로 표시**되도록 한다.

4. 결재권자의 지시

공람을 하는 **결재권자는 문서의 처리기한 및 처리방법을 지시**할 수 있으며 필요하면 업무분장에 따른 담당자 외에 그 문서의 **처리담당자를 따로 지정**할 수 있다.

작성연습

1. 문서의 공람

처리과의 _____는 접수한 문서를 _____에게 인계하고
_____를 공람하게 할 수
있다.

2. 대상문서

(1) _____을 받아야 할 필요가 있는 문서

(2) _____

(3) 행정기관이나 보조기관 또는 보좌기관 간의 _____

(4) 접수된 문서를 처리하기 위하여 _____

(5) 그 밖에 공무원의 신상, 교육·훈련 등과 관련하여 _____ 할 필요가 있는
문서

3. 공람의 표시

업무관리시스템 또는 전자문서시스템상에서 _____(공람자의 직위 또
는 직급, 성명 및 공람일시 등)_____되도록 한다.

4. 결재권자의 지시

공람을 하는 _____할 수 있으며 필요하
면 업무분장에 따른 담당자 외에 그 문서의 _____할 수 있다.

업무관리시스템

1. 업무관리시스템의 개념

업무관리시스템이란 행정기관이 **업무처리의 전 과정을 과제관리카드 및 문서관리카드 등을 이용하여 전자적으로 관리**하는 시스템을 말한다. 공직사회의 일하는 방식을 근본적으로 개선하기 위해 행정기관의 업무처리절차를 **통합화·표준화**하여 업무처리 과정에서 생산된 각종 업무 관련 자료를 과제에 따라 일정, 메모보고, 문서관리카드, 지시사항, 회의관리 등으로 체계적인 처리를 할 수 있도록 구축한 온라인 시스템이다.

2. 업무관리시스템의 기대효과

일하는 방식의 **표준화·시스템화로 신속한 업무처리**가 가능하고 업무과정이 표준화되어 시스템에서 관리되고, **관련 업무담당자 사이에 업무처리내용이 긴밀하게 공유**된다. 또한 업무 내용은 과제별로 **체계적으로 분류·등록**되며 추진내용이나 과제수행에 대한 정확한 상황을 실시간으로 확인할 수 있고 추진실적은 자동으로 기록·관리되어 **행정의 효율성을 크게 향상**시킬 수 있다.

작성연습

1. 업무관리시스템의 개념

업무관리시스템이란 행정기관이 _____
_____하는 시스템을 말한다. 공직사회의 일하는 방식을 근본적으로 개선하기 위해 행정기관의 업무처리절차를 _____하여 업무처리 과정에서 생산된 각종 업무 관련 자료를 과제에 따라 일정, 메모보고, 문서관리카드, 지시사항, 회의관리 등으로 체계적인 처리를 할 수 있도록 구축한 온라인 시스템이다.

2. 업무관리시스템의 기대효과

일하는 방식의 _____가 가능하고 업무과정이 표준화되어 시스템에서 관리되고, _____된다. 또한 업무내용은 과제별로 _____되며 추진내용이나 과제수행에 대한 정확한 상황을 실시간으로 확인할 수 있고 추진실적은 자동으로 기록·관리되어 _____시킬 수 있다.

업무관리시스템의 구축 · 운영

1. 운영 주체

(1) **행정기관의 장**은 업무처리의 전 과정을 효율적으로 관리하기 위하여 **업무관리시스템을 구축 · 운영**하여야 한다.

(2) **중앙행정기관과 지방자치단체, 지방교육행정기관의 장**은 그 소속기관이나 산하기관 등을 포함하여 업무관리시스템을 구축 · 운영할 수 있다.

(3) **행정안전부장관**은 행정기관의 **업무관리시스템 구축 · 운영을 지원하기 위한 계획을 수립 · 시행**할 수 있으며, 지원계획을 수립하는 경우에는 관계 행정기관의 장에게 관련 자료 및 필요한 의견의 제출을 요청할 수 있다.

2. 시스템의 구성

(1) **과제관리카드**

① 과제관리카드는 행정기관 업무의 **기능별 단위 과제의 담당자 · 내용 · 추진실적 등을 기록 · 관리하기 위한 카드**이다.

② 과제관리카드에는 표제, 실적관리, 접수관리, 계획관리, 품질관리, 홍보관리, 고객관리 부분과 그 밖에 필요한 사항이 포함되어야 한다.

(2) **문서관리카드**

① 문서관리카드는 문서의 작성 · 검토 · 결재 · 등록 · 공개 · 공유 등 **문서처리의 모든 과정을 기록 · 관리하는 카드**로, ㉠ 기안한 내용, ㉡ 의사결정 과정에서 제기된 의견, 수정한 내용 및 지시사항, ㉢ 의사결정 내용을 포함하여 구성하여야 한다.

② 문서관리카드는 **문서정보, 경로정보, 시행정보, 관리정보 그 밖에 필요한 사항이 포함**되어야 한다. 다만, 행정기관의 장이 특별한 사유가 있다고 인정하는 경우에는 일부 사항을 제외할 수 있다.

③ 문서의 기안은 업무관리시스템의 문서관리카드로 할 수 있다. 이 경우 검토자 · 협조자 및 결재권자는 보고경로의 의견 · 지시란에 의견을 표시할 수 있고 전결 · 대결 및 끝 표시를 생략할 수 있다.

작성연습

1. 운영 주체

(1) _____은 업무처리의 전 과정을 효율적으로 관리하기 위하여 _____ _____하여야 한다.

(2) _____은 그 _____ _____ 포함하여 업무관리시스템을 구축·운영할 수 있다.

(3) _____은 행정기관의 _____ _____할 수 있으며, 지원계획을 수립하는 경우에는 관계 행정기관의 장에게 관련 자료 및 필요한 의견의 제출을 요청할 수 있다.

2. 시스템의 구성

(1) _____

① 과제관리카드는 행정기관 업무의 _____ _____이다.

② 과제관리카드에는 표제, 실적관리, 접수관리, 계획관리, 품질관리, 홍보관리, 고객관리 부분과 그 밖에 필요한 사항이 포함되어야 한다.

(2) _____

① 문서관리카드는 문서의 작성·검토·결재·등록·공개·공유 등 _____ _____로, ㉠ 기안한 내용, ㉡ 의사결정 과정에서 제기된 의견, 수정한 내용 및 지시사항, ㉢ 의사결정 내용을 포함하여 구성하여야 한다.

② 문서관리카드는 _____ 되어야 한다. 다만, 행정기관의 장이 특별한 사유가 있다고 인정하는 경우에는 일부 사항을 제외할 수 있다.

③ 문서의 기안은 업무관리시스템의 문서관리카드로 할 수 있다. 이 경우 검토자·협조자 및 결재권자는 보고경로의 의견·지시란에 의견을 표시할 수 있고 전결·대결 및 끝 표시를 생략할 수 있다.

업무관리시스템의 연계, 표준관리 등

1. 업무관리시스템의 연계

행정기관의 장은 효율적인 업무수행을 위하여 업무관리시스템 또는 전자문서시스템을 기능분류시스템 등 **행정정보시스템과 연계하여 운영**하여야 한다.

2. 업무관리시스템 등의 표준관리

(1) 규격 및 유통 표준 제정

행정안전부장관은 업무관리시스템 및 전자문서시스템 관련 **규격에 관한 표준 및 유통에 관한 표준** 등을 정하여야 한다.

(2) 규격 및 유통 표준 고시

업무관리시스템 및 전자문서시스템의 규격·유통 및 연계에 관한 **표준 등을 정한 경우에는 이를 관보에 고시하고 인터넷에** 게시하여야 한다.

(3) 표준에 적합한 시스템 사용

행정기관의 장은 특별한 사유가 없으면 규격에 관한 표준 및 유통에 관한 **표준 및 표준에 적합한 업무관리시스템이나 전자문서시스템 등을 구축·운영하여야 한다.**

(4) 업무관리시스템의 활용

행정기관의 장은 업무관리시스템으로 관리한 **업무실적 등을 성과평가 등에 효과적으로 활용**하도록 노력하여야 한다.

작성연습

1. 업무관리시스템의 연계

행정기관의 장은 효율적인 업무수행을 위하여 업무관리시스템 또는 전자문서시스템을 기능분류시스템 등 _____하여야 한다.

2. 업무관리시스템 등의 표준관리

(1) 규격 및 유통 표준 제정

_____은 업무관리시스템 및 전자문서시스템 관련 _____ _____ 등을 정하여야 한다.

(2) 규격 및 유통 표준 고시

업무관리시스템 및 전자문서시스템의 규격·유통 및 연계에 관한 _____ _____ 게시하여야 한다.

(3) 표준에 적합한 시스템 사용

_____은 특별한 사유가 없으면 규격에 관한 표준 및 유통에 관한 _____ _____.

(4) 업무관리시스템의 활용

행정기관의 장은 업무관리시스템으로 관리한 _____ _____하도록 노력하여야 한다.

업무관리시스템의 연계, 표준관리 등

3. 정부전자문서유통지원센터

(1) 센터의 설치 및 운영

행정안전부장관은 전자문서의 원활한 유통을 지원하기 위하여 행정안전부에 **정부전자문서유통지원센터를 둔다.**

(2) 센터의 업무

① 전자문서의 원활한 **유통을 위한 지원과 유통 및 연계에 관한 표준 등의 운영**
② 전자문서의 효율적인 유통을 위한 **프로그램의 개발 및 보급**
③ 전자문서의 유통 시 발생하는 **장애를 복구하기 위한 지원**
④ 유통되는 전자문서의 **위조·변조·훼손 또는 유출을 방지하기 위한 보호대책 마련**
⑤ **행정기관, 공공기관 및 국민** 간 전자문서의 유통을 위한 시스템 구축 및 운영

(3) 센터 운영에 필요한 사항

① 센터관리자는 센터의 시스템이 **정상적으로 가동되도록 관리**하여야 한다.
② **행정안전부장관**은 **전자문서 유통상의 장애**가 발생하거나 업무관리시스템 또는 전자문서 **시스템 간의 문제**가 발생한 경우에는 센터 이용자에게 업무관리시스템 또는 전자문서시스템 등의 **관련 정보를 요청**할 수 있다.
③ 센터 관리자의 역할 및 이용절차 등 센터 운영에 필요한 세부사항은 **행정안전부장관**이 정한다.

작성연습

3. 정부전자문서유통지원센터

(1) 센터의 설치 및 운영

＿＿＿＿＿＿＿＿은 전자문서의 원활한 유통을 지원하기 위하여 행정안전부에 ＿＿＿
＿＿＿＿＿＿＿＿＿＿＿＿.

(2) 센터의 업무

① 전자문서의 원활한 ＿＿＿＿＿＿＿＿＿＿＿＿＿＿＿＿＿＿＿＿＿＿＿＿

② 전자문서의 효율적인 유통을 위한 ＿＿＿＿＿＿＿＿＿＿＿＿

③ 전자문서의 유통 시 발생하는 ＿＿＿＿＿＿＿＿＿＿＿

④ 유통되는 전자문서의 ＿＿＿＿＿＿＿＿＿＿＿＿＿＿＿＿＿＿

⑤ ＿＿＿＿＿＿＿＿＿＿＿＿ 전자문서의 유통을 위한 시스템 구축 및 운영

(3) 센터 운영에 필요한 사항

① 센터관리자는 센터의 시스템이 ＿＿＿＿＿＿＿＿＿＿＿＿하여야 한다.

② ＿＿＿＿＿＿＿은 ＿＿＿＿＿＿＿＿＿가 발생하거나 업무관리시스템 또는
전자문서＿＿＿＿＿＿가 발생한 경우에는 센터 이용자에게 업무관리시스템
또는 전자문서시스템 등의 ＿＿＿＿＿＿＿할 수 있다.

③ 센터 관리자의 역할 및 이용절차 등 센터 운영에 필요한 세부사항은 ＿＿＿＿＿
＿＿이 정한다.

서식의 의의

1. 서식의 개념

서식이란 **장기간에 걸쳐 반복되는 업무**와 관련하여 **행정상의 필요사항을 기재**할 수 있도록 도안한 **일정한 형식 또는 그 업무용지**를 말한다.

2. 서식의 종류

(1) **법령서식**

법률·대통령령·총리령·부령·조례·규칙 등 법령으로 정한 서식을 말한다.

(2) **일반서식**

법령서식을 제외한 **모든 서식**을 말한다.

3. 서식의 제정

(1) 제정 원칙

행정기관에서 **장기간에 걸쳐 반복적으로 사용하는 문서**로서 **정형화할 수 있는 문서**는 특별한 사유가 없으면 서식으로 정하여 사용한다.

(2) 제정 방법

① 법령서식

ㄱ **국민의 권리·의무와 직접 관련되는 사항**을 기재사항으로 정하는 서식

ㄴ **인가, 허가, 승인 등 민원**에 관계되는 서식

ㄷ **행정기관에서 공통적으로 사용하는 서식** 중 중요한 서식

② 일반서식

법령서식을 제외한 서식으로 **고시·훈령·예규** 등으로 정할 수 있다.

작성연습

1. 서식의 개념

서식이란 _____와 관련하여 _____할 수
있도록 도안한 _____를 말한다.

2. 서식의 종류

(1) _____

_____으로 정한 서식을 말한다.

(2) _____

법령서식을 제외한 _____을 말한다.

3. 서식의 제정

(1) 제정 원칙

행정기관에서 _____로서 _____
는 특별한 사유가 없으면 서식으로 정하여 사용한다.

(2) 제정 방법

① 법령서식

㉠ _____을 기재사항으로 정하는 서식

㉡ _____에 관계되는 서식

㉢ _____ 중 중요한 서식

② 일반서식

법령서식을 제외한 서식으로 _____ 등으로 정할 수 있다.

서식의 일반원칙

1. 민원인의 개인정보를 보호할 수 있도록 설계

행정정보공동이용, 신원조회 등 꼭 **필요한 경우에만** '**주민등록번호**' 또는 '**등록기준지**'란을 설치한다.

2. 기입항목의 식별이 용이하도록 설계

서식은 글씨의 크기, 항목 간의 간격, 적어 넣을 칸의 크기 등을 균형 있게 조절하여 서식에 적을 사항을 **쉽게 알 수 있도록** 하여야 한다.

3. 쉬운 용어를 사용하고 필요한 항목만 설계

서식에는 **누구나 쉽게 이해할 수 있는 용어**를 사용하고, 불필요하거나 활용도가 낮은 항목을 넣어서는 아니 된다.

4. 기안(시행)문 겸용 설계

특별한 사유가 없으면 그 **서식 자체를 기안문과 시행문으로 갈음**할 수 있도록 생산등록번호·접수등록번호·수신자·시행일 및 접수일 등의 항목을 넣어야 한다.

작성연습

1. _____

   행정정보공동이용, 신원조회 등 _____
   ____란을 설치한다.

2. _____

   서식은 _____하여
   서식에 적을 사항을 _____ 하여야 한다.

3. _____

   서식에는 _____를 사용하고, 불필요하거나 활용도가 낮
   은 항목을 넣어서는 아니 된다.

4. _____

   특별한 사유가 없으면 그 _____할 수 있도록 생산
   등록번호 · 접수등록번호 · 수신자 · 시행일 및 접수일 등의 항목을 넣어야 한다.

서식의 일반원칙

5. 서명 또는 날인의 선택적 설계

법령에서 서식에 날인하여야 한다고 정하고 있지 아니하면 **서명이나 날인을 선택할 수 있도록** 하여야 한다.

6. 행정기관의 이미지 제고 노력

서식에는 가능하면 행정기관의 **로고 · 상징 · 마크 · 홍보문구 등**을 표시하여 행정기관의 이미지를 높일 수 있도록 하여야 한다.

7. 민원서식의 설계

민원서식에는 그 **민원업무의 처리흐름도, 처리기간, 전자적 처리가 가능한지 등**을 표시하여야 한다.

8. 큰글자 서식의 적용

노년층 등 디지털 약자의 이용 빈도가 높은 서식, 오프라인 방문 이용 건수가 많은 서식, 다수의 국민이 큰글자 서식으로의 개편을 요구하는 서식 등은 큰글자 서식으로 설계하여 민원인의 작성의 편의성을 향상시킬 수 있다.

작성연습

5. _____

법령에서 서식에 날인하여야 한다고 정하고 있지 아니하면 _____
_____ 하여야 한다.

6. _____

서식에는 가능하면 행정기관의 _____을 표시하여 행정기
관의 이미지를 높일 수 있도록 하여야 한다.

7. _____

민원서식에는 그 _____
하여야 한다.

8. _____

_____,
다수의 국민이 큰글자 서식으로의 개편을 요구하는 서식 등은 _____
_____시킬 수 있다.

서식 제원의 표시

1. 용지의 규격

서식에 사용되는 용지의 규격은 A4(210mm×297mm)를 기본으로 한다. 다만, 증표류 또는 컴퓨터에 의한 기록서식 등 그 밖에 특별한 사유가 있으면 그에 적합한 규격용지를 사용할 수 있다.

2. 용지의 규격 등 표시

서식에는 **행정안전부령**으로 정하는 바에 따라 **용지의 규격 등을 표시할 수 있다.**

3. 지질 및 단위당 중량 결정기준

용지의 지질 및 단위당 중량은 ① **서식의 사용목적**, ② **보존기간 및 보존방법**, ③ **기재방법**, ④ **복사방법 및 매수**, ⑤ **사용빈도**, ⑥ 사무자동화기기 활용 여부 등을 고려하여 용지의 용도별 지질기준에 따라 정한다.

작성연습

1. _____

서식에 사용되는 용지의 규격은 _____으로 한다. 다만, 증표
류 또는 컴퓨터에 의한 기록서식 등 _____
_____할 수 있다.

2. _____

서식에는 _____으로 정하는 바에 따라 _____.

3. _____

용지의 지질 및 단위당 중량은 ① _____, ② _____,
③ _____, ④ 복사방법 및 매수, ⑤ 사용빈도, ⑥ 사무자동화기기 활용 여부 등을
고려하여 용지의 용도별 지질기준에 따라 정한다.

서식의 승인

1. 승인기관

(1) 행정안전부장관

중앙행정기관이 법령으로 제정하는 서식은 행정안전부장관의 승인을 받아야 한다.

(2) 중앙행정기관의 장

중앙행정기관이 법령으로 개정하는 서식, 중앙행정기관 및 그 소속기관이 훈령 · 고시 · 예규 등으로 제정 또는 개정하는 서식은 중앙행정기관의 장의 승인을 받아야 한다.

(3) 지방자치단체 또는 지방교육행정기관의 장

지방자치단체의 **조례 · 규칙, 훈령 · 고시 · 예규 등으로 제정 또는 개정하는 서식**은 지방자치단체 또는 지방교육행정기관의 장이 정한다.

2. 승인의 신청

(1) 승인신청서 제출

서식의 제정 또는 개정 승인을 받고자 하는 행정기관의 장은 **입법예고와 동시에 서식 목록과 서식 초안을 첨부하여 문서로 승인을 신청**하여야 한다. 이 경우 서식 초안은 컴퓨터 등 정보 처리능력을 가진 장치로 작성한다.

(2) 관계기관 간 사전 협의

둘 이상의 기관의 업무에 관계되는 서식은 **관계기관 간의 사전 협의를 거쳐 승인을 신청**하여야 한다.

(3) 신설민원 사전영향평가제 운영

중앙행정기관은 법령 제정 또는 개정으로 민원사무 신설 시 '**사전영향평가 매뉴얼**'에 수록된 **진단항목을 토대로 자체 진단**하고 그 결과를 서식 심사의뢰 시 행정안전부에 제출하여야 한다.

3. 승인서식의 통보

승인기관이 서식을 **승인한 때에는 서식 목록과 승인서식안을 첨부하여 문서로 승인신청기관에 통보**하여야 한다.

작성연습

1. 승인기관

(1) 행정안전부장관

_____은 행정안전부장관의 승인을 받아야 한다.

(2) 중앙행정기관의 장

_____
_____은 중앙행정기관의 장의 승인을 받아야
한다.

(3) 지방자치단체 또는 지방교육행정기관의 장

지방자치단체의 _____은
지방자치단체 또는 지방교육행정기관의 장이 정한다.

2. 승인의 신청

(1) 승인신청서 제출

서식의 제정 또는 개정 승인을 받고자 하는 행정기관의 장은 _____
_____하여야 한다. 이 경우 서식 초
안은 컴퓨터 등 정보처리능력을 가진 장치로 작성한다.

(2) 관계기관 간 사전 협의

둘 이상의 기관의 업무에 관계되는 서식은 _____
____하여야 한다.

(3) 신설민원 사전영향평가제 운영

중앙행정기관은 법령 제정 또는 개정으로 민원사무 신설 시 _____
_____하고 그 결과를 서식 심사의뢰 시 행정안전
부에 제출하여야 한다.

3. 승인서식의 통보

승인기관이 서식을 _____
_____하여야 한다.

Theme 39 서식의 관리

1. 서식의 전자적 제공

행정기관의 장은 **정보통신망을 이용하여** 소관 업무와 관련된 서식을 제공하여 국민이 편리하게 그 서식을 사용할 수 있도록 노력하여야 한다.

2. 서식의 변경 및 폐지

(1) 서식의 변경사용

승인된 서식을 업무관리시스템, 행정정보시스템 등에서 그대로 사용할 수 없는 경우에는 **서식의 주요 내용을 변경하지 아니하는 범위에서 기재항목 또는 형식 등을 변경할 수 있고,** 필요한 경우에는 **단순히 자구, 활자크기, 용지의 지질 등을 변경**하여 사용할 수 있다. 이 경우 **사후통보로 승인을 갈음**할 수 있다.

(2) 서식의 폐지

서식을 제정한 기관은 그 서식을 **폐지하였을 때에는 지체 없이 그 서식을 승인한 기관에 그 사실을 통보**하여야 한다.

(3) 해당 국가 언어의 병기

재외공관의 장은 재외공관에서 사용하는 서식에 그 국가의 언어를 함께 적어 사용하게 하거나 그 국가의 언어로 번역한 서식을 사용하게 할 수 있다.

작성연습

1. 서식의 전자적 제공

행정기관의 장은 _____ 소관 업무와 관련된 서식을 제공하여 국민이 편리하게 그 서식을 사용할 수 있도록 노력하여야 한다.

2. 서식의 변경 및 폐지

(1) 서식의 변경사용

승인된 서식을 업무관리시스템, 행정정보시스템 등에서 그대로 사용할 수 없는 경우에는 _____
_____, 필요한 경우에는 _____하여 사용할 수 있다. 이 경우 _____할 수 있다.

(2) 서식의 폐지

서식을 제정한 기관은 그 서식을 _____
_____하여야 한다.

(3) 해당 국가 언어의 병기

_____
하게 하거나 그 국가의 언어로 번역한 서식을 사용하게 할 수 있다.

관인의 의의

1. 관인의 개념

관인이란 **행정기관이 사용하는 인장**을 말한다.

2. 구별 개념(공인)

(1) 공인

「행정업무규정」은 지방자치단체의 기관에서 사용하는 인장을 공인으로 규정하고 있다.

(2) 사인과 대비되는 개념으로서의 공인

형법에서 사용되는 공인은 지방자치단체의 기관에서 사용되는 인장으로 한정되는 개념보다는 '**행정기관이 사용하는 인장**'이라는 포괄적인 개념과 유사하다.

3. 관인의 효력

행정기관의 장 또는 합의제기관의 명의로 발신하거나 교부하는 문서에는 관인을 찍는다. 따라서 관인을 찍지 아니하거나 관인생략 대상 문서를 제외하고는 **관인이 날인되지 아니한 문서는 흠이 있는 문서**로서 해당 문서를 시행한 행정기관에 보완을 요청할 수 있다. 또한 이러한 문서를 접수한 행정기관의 장은 형식상의 흠을 이유로 **발신행정기관의 장에게 반송할 수 있다.**

|||||||||| **작성연습** ||||||||||||||||||||||||||||||||||||||||||||||||||||||||||||||||||||||||||||||||||||||||||||||

1. 관인의 개념

관인이란 _____을 말한다.

2. 구별 개념(공인)

(1) 공인

_____ 공인으로 규정하고 있다.

(2) 사인과 대비되는 개념으로서의 공인

_____에서 사용되는 공인은 지방자치단체의 기관에서 사용되는 인장으로 한정되는 개념보다는 _____이라는 포괄적인 개념과 유사하다.

3. 관인의 효력

_____.

따라서 관인을 찍지 아니하거나 관인생략 대상 문서를 제외하고는 _____

_____로서 해당 문서를 시행한 행정기관에 보완을 요청할 수 있다. 또한 이러한 문서를 접수한 행정기관의 장은 형식상의 흠을 이유로 _____

_____.

관인의 종류 및 규격

1. 관인

(1) 청인

합의제기관은 청인을 가진다. 다만, 행정기관의 소관 사무에 관한 **자문에 응하기 위하여 설립된 합의제기관은 필요한 경우에만** 청인을 가진다.

(2) 직인

① 합의제기관을 제외한 기관은 그 **기관장의 직인을 가진다.**
② **보조기관이 위임받은 사무를 행정기관으로서 처리하는 경우**에는 그 사무 처리를 위하여 **직인을 가진다.**
③ **합의제기관의 장이 법령에 따라 합의제기관의 장으로서 사무를 처리하는 경우**에는 그 사무 처리를 위하여 **직인을 가질 수 있다.**

2. 전자이미지관인

"전자이미지관인"이란 **관인의 인영을 컴퓨터 등 정보처리능력을 가진 장치에 전자적인 이미지 형태로 입력하여 사용**하는 관인을 말한다. 각급 행정기관은 전자문서에 사용하기 위하여 전자이미지관인을 가진다.

3. 특수관인

(1) **특별한 용도로 사용하는 관인**

행정기관의 장은 유가증권 등 **특수한 증표 발행, 민원업무 또는 재무에 관한 업무 등 특수한 업무처리**에 사용하는 관인을 따로 가질 수 있다.

(2) **특별한 기관에서 사용하는 관인**

재무에 관한 업무를 담당하는 공무원의 직인은 **기획재정부장관이, 국립의 각급 학교에서 사용하는 관인은 교육부장관**이 각각 그 규격과 등록 등 관리에 필요한 사항을 정한다.

4. 관인의 규격(상한선)

(1) 청인

국무회의 5.4cm, 그 밖의 합의제 기관 3.6cm

(2) 직인

대통령 4.5cm, 국무총리 3.6cm, 그 밖의 행정기관의 장 3cm

######## 작성연습

1. 관인

(1) 청인

_____. 다만, 행정기관의 소관 사무에 관한 _____
_____ 청인을 가진다.

(2) 직인

① 합의제기관을 제외한 기관은 그 _____.

② _____에는 그 사무 처리
를 위하여 _____.

③ _____이 법령에 따라 _____
에는 그 사무 처리를 위하여 _____.

2. 전자이미지관인

"전자이미지관인"이란 _____
_____하는 관인을 말한다. 각급 행정기관은 전자문서
에 사용하기 위하여 전자이미지관인을 가진다.

3. 특수관인

(1) _____

행정기관의 장은 유가증권 등 _____
_____에 사용하는 관인을 따로 가질 수 있다.

(2) _____

____에 관한 업무를 담당하는 공무원의 직인은 _____
_____이 각각 그 규격과 등록 등 관리에 필요한 사항
을 정한다.

4. 관인의 규격(상한선)

(1) 청인

_____

(2) 직인

_____

관인의 조각 및 사용

1. 관인의 재료

관인의 재료는 **쉽게 닳거나 부식되지 아니하는 재질**을 사용하여야 한다.

2. 관인의 글자

⑴ 관인의 글자는 **한글로 하여 가로로** 새기되, 국민이 쉽고 간명하게 알아볼 수 있도록 하여야 하며, 그 기관 또는 직위의 명칭에 **"인"** 또는 **"의인"** 글자를 붙인다.

⑵ 특수한 업무처리에 사용하는 관인은 **그 업무의 집행 목적에만 사용되는 것임을 그 관인의 인면에 표시**하여야 한다.

3. 인영의 색깔

관인의 인영 색깔은 **빨간색**으로 한다. 다만, **문서를 출력 또는 복사하여 시행하거나 팩스**를 통하여 문서를 접수하는 경우에는 **검정색**으로 할 수 있다.

4. 관인을 찍는 위치

관인을 찍는 경우에는 **발신명의 표시의 마지막 글자가 인영의 가운데에 오도록** 한다. 다만, **등본 · 초본 등 민원서류를 발급할 때 사용하는 직인은 발신명의 표시의 오른쪽에 찍을 수 있다.**

5. 관인의 관리

행정기관의 장은 관인을 **위조 · 변조하거나 부정하게 사용하지 못하도록** 필요한 조치를 하여야 한다.

작성연습

1. _____

관인의 재료는 _____을 사용하여야 한다.

2. _____

(1) 관인의 글자는 _____ 새기되, 국민이 쉽고 간명하게 알아볼 수 있도록 하여야 하며, 그 기관 또는 직위의 명칭에 _____.

(2) 특수한 업무처리에 사용하는 관인은 _____ _____하여야 한다.

3. _____

관인의 인영 색깔은 _____으로 한다. 다만, _____ ____를 통하여 문서를 접수하는 경우에는 _____으로 할 수 있다.

4. _____

관인을 찍는 경우에는 _____ 한 다. 다만, _____를 발급할 때 사용하는 _____ _____.

5. _____

행정기관의 장은 관인을 _____ 필요한 조 치를 하여야 한다.

전자이미지관인의 제출 및 관리

1. 둘 이상의 행정기관이 공동으로 사용하는 **행정정보시스템을 구축·운영하는 행정기관의 장**은 그 행정정보시스템을 **사용하는 행정기관의 장**에게 전자이미지관인을 **제출**하게 할 수 있다.

2. 전자이미지관인을 제출한 행정기관의 장이 전자이미지관인을 **재등록하거나 폐기하려는 경우에는** 그 사실을 지체 없이 행정정보시스템 **운영기관장에게 통보**하여야 한다.

3. 전자이미지관인을 **재등록하거나 폐기한 행정기관의 장**은 공동으로 사용하는 행정정보시스템에 재등록한 전자이미지관인을 **전자입력하거나 폐기한 전자이미지관인을 삭제**하여야 한다.

4. **행정정보시스템 운영기관장**이 다른 행정기관으로부터 전자이미지관인을 제출받은 경우에는 **전자이미지관인 관리대장**에 다른 행정기관으로부터 제출받은 전자이미지관인의 **인영을 등재**하여 관리하여야 한다.

작성연습

1. 둘 이상의 행정기관이 공동으로 사용하는 _____
_____은 그 행정정보시스템을 _____
_____하게 할 수 있다.

2. 전자이미지관인을 제출한 행정기관의 장이 전자이미지관인을 _____
_____ 그 사실을 지체 없이 행정정보시스템 _____하여야 한다.

3. 전자이미지관인을 _____은 공동으로 사용하는 행정
정보시스템에 재등록한 전자이미지관인을 _____
_____하여야 한다.

4. _____이 다른 행정기관으로부터 전자이미지관인을 제출받은
경우에는 _____에 다른 행정기관으로부터 제출받은 전자이미지
관인의 _____하여 관리하여야 한다.

관인의 등록 및 재등록

Theme 44-1

1. 등록(재등록) 기관

행정기관은 **관인의 인영**을 그 행정기관의 **관인대장에 등록**하여야 하며, **전자이미지관인의 인영**은 그 행정기관의 **전자이미지관인대장에 등록(재등록)**하여야 한다. 다만, 부득이한 경우에는 그 행정기관의 바로 위 **상급기관에 등록(재등록)**할 수 있다.

2. 등록(재등록) 사유

관인은 **등록하지 않으면** 사용할 수 없다. 관인을 등록(재등록)해야 하는 사유로는 ① **행정기관이 신설 또는 분리된 경우**, ② 기존 기관의 **명칭이 변경된 경우**, ③ 관인이 **분실되거나 마멸된 경우**, ④ **법령에 따라 권한을 위임**받은 경우, ⑤ 그 밖에 관인을 **다시 새길 필요**가 있는 경우 등을 들 수 있다.

3. 등록(재등록) 방법

(1) 관인

① **행정기관이 직접 등록(재등록)하는 경우**
해당 행정기관의 **관인대장**에 관인을 등록(재등록)하여 보존한다. 이 경우 **내부결재**를 받아 등록(재등록)한다.

② **바로 위 상급기관에 등록(재등록)하는 경우**
바로 위 상급기관에 **관인등록(재등록)을 신청**하여 바로 위 상급기관에서 그 **상급기관의 관인대장에 등록(재등록)**한다.

작성연습

1. 등록(재등록) 기관

행정기관은 _____을 그 행정기관의 _____하여야 하며, _____
_____은 그 행정기관의 _____하여야 한다. 다
만, 부득이한 경우에는 그 행정기관의 바로 위 _____할 수 있다.

2. 등록(재등록) 사유

관인은 _____ 사용할 수 없다. 관인을 등록(재등록)해야 하는 사유로는
① _____, ② 기존 기관의 _____, ③ 관인
이 _____된 경우, ④ _____받은 경우, ⑤ _____ 관인
을 _____가 있는 경우 등을 들 수 있다.

3. 등록(재등록) 방법

(I) ____

① _____
해당 행정기관의 _____에 관인을 등록(재등록)하여 보존한다. 이 경우 ____
____를 받아 등록(재등록)한다.

② _____
바로 위 상급기관에 _____하여 바로 위 상급기관에서 그
_____한다.

관인의 등록 및 재등록

(2) 전자이미지관인

① 전자이미지관인은 관인의 인영을 컴퓨터 등 **정보처리능력을 가진 장치에 전자적인 이미지 형태로 입력**하여 사용하여야 한다.

② 전자이미지관인은 **문서과에서 관리하는 전자이미지관인대장에 등록(재등록)**하고, 전자이미지관인 **컴퓨터 파일은 정보화 담당 부서에서 관리**하여야 한다.

③ 바로 위 **상급기관에** 전자이미지관인을 등록(재등록)하고자 하는 때에는 **등록(재등록)을 신청**하여야 한다.

④ 전자이미지관인을 등록하는 때에는 **문서과에서 관인의 인영을 전자이미지관인대장의 해당란에 찍고, 정보화 담당 부서에서 그 찍은 인영을 전자적인 이미지 형태로 컴퓨터 파일에 입력한 후 이를 출력하여 전자이미지관인대장**의 해당란에 붙여야 한다.

⑤ 전자이미지관인을 사용하는 **기관은 관인을 폐기하거나 재등록한 경우 즉시 사용 중인 전자이미지관인을 삭제**하고, **재등록한 관인의 인영을 전자이미지관인으로 재등록**하여 사용한다. 또한, **사용 중인 전자이미지관인의 인영의 원형이 제대로 표시되지 아니하는** 경우에도 전자이미지관인을 재등록하여 사용하여야 한다.

작성연습

(2) _____

① 전자이미지관인은 관인의 인영을 컴퓨터 등 _____
_____하여 사용하여야 한다.

② 전자이미지관인은 _____
하고, 전자이미지관인 _____하여야 한다.

③ 바로 위 _____ 전자이미지관인을 등록(재등록)하고자 하는 때에는 _____
_____하여야 한다.

④ 전자이미지관인을 등록하는 때에는 _____
_____에서 그 찍은 인영을 _____
_____의 해당란
에 붙여야 한다.

⑤ 전자이미지관인을 사용하는 _____
_____하고, _____
_____하여 사용한다. 또한, _____
_____ 경우에도 전자이미지관인을 재등록하여 사용하여야 한다.

관인의 폐기

1. 폐기 사유

관인 등록기관은 ① **행정기관이 폐지**된 경우, ② **기관 명칭이 변경**된 경우, ③ 관인이 **분실 또는 마멸**된 경우, ④ **그 밖에** 관인을 폐기할 필요가 있는 경우에는 해당 관인을 폐기하여야 한다.

2. 폐기 방법

(1) 관인을 폐기할 때에는 관인 **등록기관이 관인대장에 관인 폐기일과 폐기사유 등의 내역을 기재**한 후 그 **관인의 인영을 등록하여 보존**하고, 그 관인은 **관인폐기 공고문과 함께 영구기록물관리기관에 이관**하여야 한다. 바로 위 상급기관이 하급기관으로부터 관인폐기 신고를 받은 경우에도 또한 같다.

(2) **바로 위 상급기관에** 등록된 하급기관의 관인을 폐기하고자 하는 경우에는 **폐기 대상 관인을 첨부하여** 관인 등록기관(바로 위 상급기관)에 **신고**하여야 한다.

(3) 영구기록물관리기관은 **폐기된 관인이 사용되거나 유출되지 아니하도록** 하여야 한다.

작성연습

1. 폐기 사유

관인 등록기관은 ① _____된 경우, ② _____된 경우, ③ 관인이 _____된 경우, ④ _____ 관인을 폐기할 필요가 있는 경우에는 해당 관인을 폐기하여야 한다.

2. 폐기 방법

(1) 관인을 폐기할 때에는 관인 _____ _____한 후 그 _____하고, 그 관인은 _____ _____하여야 한다. 바로 위 상급기관이 하급기관으로부터 관인폐기 신고를 받은 경우에도 또한 같다.

(2) _____ 등록된 하급기관의 관인을 폐기하고자 하는 경우에는 _____ _____ 관인 등록기관(바로 위 상급기관)에 ___하여야 한다.

(3) 영구기록물관리기관은 _____ 하여야 한다.

관인의 공고

1. 공고 사유

등록기관은 **관인을 등록 또는 재등록하거나 폐기**하였을 때에는 그 사실을 **관보에 공고**하여야 한다.

2. 공고 방법

관인 등록기관은 공고 사유가 발생한 때에는 **행정안전부장관에게 관보게재를 의뢰하여 공고**하여야 한다. 다만, **지방자치단체는 조례가 정하는 바에** 따른다.

3. 공고 내용

(1) 관인의 등록 · 재등록 또는 폐기 사유

(2) 등록 · 재등록 관인의 최초 사용 연월일 또는 폐기 관인의 폐기 연월일

(3) 등록 · 재등록 또는 폐기 관인의 이름 및 인영

(4) 공고 기관의 장

작성연습

1. 공고 사유

등록기관은 _____하였을 때에는 그 사실을 _____
_____하여야 한다.

2. 공고 방법

_____은 공고 사유가 발생한 때에는 _____
_____하여야 한다. 다만, _____ 따른다.

3. 공고 내용

(1) _____

(2) _____ 또는 _____

(3) _____

(4) _____

행정업무 혁신

1. 행정업무 혁신의 의미

행정기관의 장은 업무의 효율성을 높이고 행정서비스에 대한 **국민의 만족도**를 높이기 위하여 해낭 행성기관의 **업무수행 방식을 지속적으로 혁신**해야 한다.

2. 행정업무 혁신 대상사업

(1) **행정협업과제**의 발굴·수행 등 행정협업 촉진

(2) 불필요한 **절차 간소화** 및 디지털 기술을 활용한 업무처리 자동화 등 **업무절차 개선**

(3) **불합리한 관행 타파** 및 **구성원 간 이해·소통**을 위한 조직문화 개선

(4) 사무공간, 회의공간, 휴게공간, 민원공간 등 **업무공간 혁신**

(5) **지식행정 활성화**

3. 행정업무 혁신을 위한 계획 수립 등

(1) **행정안전부장관**은 행정업무 혁신을 위한 **계획을 수립·시행**할 수 있다.

(2) **행정안전부장관**은 필요하다고 인정하는 경우 **관계 행정기관**의 장에게 행정업무 혁신에 필요한 **지원을 요청**할 수 있다.

(3) **행정안전부장관**은 행정업무 혁신의 효과적인 추진을 위하여 **관계 전문가 등으로 구성된 자문단**을 운영할 수 있다.

작성연습

1. 행정업무 혁신의 의미

_____을 높이고 행정서비스에 대한 _____를 높이기 위하여 해당 행정기관의 _____해야 한다.

2. 행정업무 혁신 대상사업

(1) _____의 발굴·수행 등 행정협업 촉진

(2) 불필요한 _____ 및 디지털 기술을 활용한 업무처리 자동화 등 _____

(3) _____ 및 _____을 위한 조직문화 개선

(4) 사무공간, 회의공간, 휴게공간, 민원공간 등 _____

(5) _____

3. 행정업무 혁신을 위한 계획 수립 등

(1) _____은 행정업무 혁신을 위한 _____할 수 있다.

(2) _____은 필요하다고 인정하는 경우 _____의 장에게 행정업무 혁신에 필요한 _____할 수 있다.

(3) _____은 행정업무 혁신의 효과적인 추진을 위하여 _____ _____을 운영할 수 있다.

Theme 48 행정협업

1. 행정협업의 의미

행정기관의 장은 **다른 행정기관과 공동의 목표**를 설정하고 해당 **행정기관 상호 간의 기능을 연계**하거나 **시설·장비 및 정보 등을 공동으로 활용**하는 것을 의미한다.

2. 행정협업 대상사업

(1) 다수의 행정기관이 **공동으로 수행**할 필요가 있는 업무

(2) 다른 행정기관의 **행정지원을 필요**로 하는 업무

(3) 법령에 따라 **다른 행정기관의 인가·승인** 등을 거쳐야 하는 업무

(4) 행정기관 간 **행정정보의 공유 또는 행정정보시스템의 상호 연계나 통합**이 필요한 업무

(5) **그 밖에** 다른 행정기관의 **협의·동의 및 의견조회** 등이 필요한 업무

3. 행정협업과제의 등록

(1) 등록·관리

행정기관의 장은 행정협업과제를 **행정업무혁신시스템에 등록**·관리할 수 있다. 이 경우 행정기관의 장은 등록하려는 행정협업과제를 공동으로 수행할 **관련 행정기관의 장과 사전에 협의**해야 한다.

(2) 행정업무혁신시스템에 등록할 사항

① 행정협업과제의 **주관부서 및 과제담당자와 협업부서 및 담당자**

② 행정협업과제와 **관련된 다른 행정기관의 단위과제**

③ 행정협업과제의 **이력, 내용 및 취지**

④ **그 밖에** 행정안전부장관이 **정하는 사항**

######## **작성연습** ########

1. 행정협업의 의미

행정기관의 장은 _____를 설정하고 해당 _____
_____하거나 _____하는 것을 의미한다.

2. 행정협업 대상사업

(1) 다수의 행정기관이 _____할 필요가 있는 업무

(2) 다른 행정기관의 _____로 하는 업무

(3) 법령에 따라 _____ 등을 거쳐야 하는 업무

(4) 행정기관 간 _____이 필요한
업무

(5) _____ 다른 행정기관의 _____ 등이 필요한 업무

3. 행정협업과제의 등록

(1) 등록 · 관리

_____은 행정협업과제를 _____관리할 수 있다. 이
경우 행정기관의 장은 등록하려는 행정협업과제를 공동으로 수행할 _____
_____해야 한다.

(2) 행정업무혁신시스템에 등록할 사항

① 행정협업과제의 _____
② 행정협업과제와 _____
③ 행정협업과제의 _____
④ 그 밖에 _____이 정하는 사항

행정협업과제의 추가 발굴

1. 행정안전부장관은 행정협업을 촉진하기 위하여 행정기관의 장이 발굴한 행정협업과제 외의 **행정협업과제를 추가로 발굴할 수 있다.**

2. 행정안전부장관은 행정협업과제를 추가로 발굴하기 위하여 필요한 경우에는 행정기관, 국민, 공공기관, 민간 기업 또는 단체 등을 대상으로 다음의 사항과 관련된 **행정협업의 수요, 현황 및 애로사항 등을 조사**할 수 있다.

(1) 목표달성을 위하여 **다수의 행정기관이 함께 협력할 필요**가 있고 **구심적 역할을 수행하는 행정기관이 필요**한 정책 또는 사업

(2) 행정기관 간 협력을 통하여 **비용 또는 예산을 절감**할 수 있는 정책 또는 사업

(3) 행정기관 간 이해상충 가능성이 높아 **이견에 대한 협의·조정이 필요**한 정책 또는 사업

(4) 그 밖에 관련 행정기관과의 협의 결과 행정협업과제 발굴을 위하여 필요하다고 인정하는 사항

3. 행정안전부장관은 **조사의 전문성 및 효율성을 높이기 위하여** 필요한 경우에는 행정안전부장관이 정하는 바에 따라 관련 **학회 등 연구단체, 전문기관 또는 민간 기업에 조사를 의뢰**할 수 있다.

4. 행정안전부장관은 조사 결과로 **발굴된 행정협업과제를 관련 행정기관과의 협의를 통하여 확정**한다.

5. 행정안전부장관은 확정된 행정협업과제를 **행정업무혁신시스템에 등록·관리**할 수 있다.

작성연습

1. _____은 행정협업을 촉진하기 위하여 행정기관의 장이 발굴한 행정협업 과제 외의 _____.

2. _____은 행정협업과제를 추가로 발굴하기 위하여 필요한 경우에는 행정 기관, 국민, 공공기관, 민간 기업 또는 단체 등을 대상으로 다음의 사항과 관련된 __ _____할 수 있다.

   (1) 목표달성을 위하여 _____가 있고 _____ _____한 정책 또는 사업

   (2) 행정기관 간 협력을 통하여 _____할 수 있는 정책 또는 사업

   (3) 행정기관 간 이해상충 가능성이 높아 _____한 정책 또는 사업

   (4) 그 밖에 관련 행정기관과의 협의 결과 행정협업과제 발굴을 위하여 필요하다고 인 정하는 사항

3. 행정안전부장관은 _____ 필요한 경우에는 행정 안전부장관이 정하는 바에 따라 관련 _____ _____할 수 있다.

4. 행정안전부장관은 조사 결과로 _____ _____한다.

5. 행정안전부장관은 확정된 행정협업과제를 _____ 할 수 있다.

1. 지식행정의 의미

행정기관의 장은 해당 기관의 **행정정보, 행정업무수행의 경험 및 업무에 관한 지식의 공동 이용** 등을 통하여 **정책과 행정서비스의 질을 높이는** 지식행정을 활성화하도록 노력하여야 한다.

2. 행정기관의 장의 지식행정 활성화의 추진

(1) 업무수행 과정에서 **행정지식의 수집·생산, 보관·활용 방안**

(2) 연구모임 등을 통한 **업무수행 경험 활용 활성화에 관한 사항**

(3) **전문가 전문지식의 업무 활용**에 관한 사항

(4) **행정지식관리시스템의 운영·관리에 관한 사항**

(5) 지식행정 활성화를 위한 **지원 사항**

3. 정부통합지식행정시스템

행정기관의 장은 전자문서시스템, 업무관리시스템, 행정지식관리시스템 등 **각종 행정정보시스템과 행정안전부장관이 구축·운영하는 행정지식의 공동 활용을 위한 시스템을 연계**하여 행정지식이 범정부적으로 활용·관리되도록 하여야 한다.

4. 행정정보의 등록 또는 갱신

행정안전부장관은 **정부통합지식행정시스템**을 통해 **행정지식을 수집하여 관리**할 수 있으며, 이를 위하여 필요한 경우 **행정기관의 장에게 소관 행정정보의 등록 또는 갱신을 요청**할 수 있다. 이 경우 행정기관의 장은 특별한 사유가 없으면 요청에 따라야 한다.

5. 최신 행정정보의 유지

행정기관의 장은 정부통합지식행정시스템상의 소관 행정정보가 **최신으로 유지되도록 노력**해야 한다.

작성연습

1. 지식행정의 의미

_____은 해당 기관의 _____
_____ 등을 통하여 _____ 지식행정을 활성화하도록 노력하여야 한다.

2. 행정기관의 장의 지식행정 활성화의 추진

(1) 업무수행 과정에서 _____

(2) 연구모임 등을 통한 _____

(3) _____에 관한 사항

(4) _____

(5) 지식행정 활성화를 위한 _____

3. _____

행정기관의 장은 전자문서시스템, 업무관리시스템, 행정지식관리시스템 등 _____
_____
하여 행정지식이 범정부적으로 활용·관리되도록 하여야 한다.

4. 행정정보의 등록 또는 갱신

행정안전부장관은 _____을 통해 _____할 수 있으며, 이를 위하여 필요한 경우 _____
_____할 수 있다. 이 경우 행정기관의 장은 특별한 사유가 없으면 요청에 따라야 한다.

5. 최신 행정정보의 유지

행정기관의 장은 정부통합지식행정시스템상의 소관 행정정보가 _____
_____해야 한다.

행정업무 혁신

1. 행정업무 혁신의 점검 · 관리 및 지원

(1) **행정기관의 장**은 해당 기관의 행정업무 혁신 **추진상황을 지속적으로 점검**해야 한다.

(2) **행정기관의 장**은 그 행정기관의 행정업무 혁신 **성과를 평가 · 분석하고 체계적으로 관리**해야 한다.

(3) **행정안전부장관**은 필요하다고 인정하거나 관련 행정기관이 요청한 경우에는 행정업무 혁신을 위하여 **필요한 지원을 할 수 있다.**

(4) **행정안전부장관**은 행정협업과제의 발굴 및 수행 과정에서 관련 **행정기관 간 이견이 발생하는 경우** 관련 행정기관의 혁신책임관 간의 회의 등을 통하여 **원활한 협의가 이루어질 수 있도록 필요한 지원을 할 수 있다.**

2. 협의체 구성 및 업무협약 체결

행정기관은 행정업무 혁신의 효율적인 수행을 위하여 필요한 경우 관련 **행정기관과 협의체를 구성하거나 행정업무 혁신의 목적, 협력 범위 및 기능 분담 등에 관한 업무협약을 체결**할 수 있다.

작성연습

1. 행정업무 혁신의 점검 · 관리 및 지원

(1) _____은 해당 기관의 행정업무 혁신 _____해야 한다.

(2) _____은 그 행정기관의 행정업무 혁신 _____
____해야 한다.

(3) _____은 필요하다고 인정하거나 관련 행정기관이 요청한 경우에는 행정
업무 혁신을 위하여 _____.

(4) _____은 행정협업과제의 발굴 및 수행 과정에서 관련 _____
_____ 관련 행정기관의 혁신책임관 간의 회의 등을 통하여 _____
_____.

2. 협의체 구성 및 업무협약 체결

행정기관은 행정업무 혁신의 효율적인 수행을 위하여 필요한 경우 관련 _____
_____
_____할 수 있다.

혁신책임관

1. 혁신책임관의 임명

행정기관의 장은 소속 **기획조정실장 또는 이에 준하는 직위의 공무원**을 해당 행정기관의 **행정업무 혁신을 총괄하는 책임관으로 임명**하여야 한다.

2. 혁신책임관의 업무

(1) 해당 행정기관의 행정업무 혁신 **과제 발굴 및 수행**의 총괄

(2) 해당 행정기관의 **행정정보시스템의 다른 행정기관과의 연계 및 효율적 운영**에 관한 총괄 관리

(3) 해당 행정기관의 행정업무 혁신을 위한 **행정업무 절차, 관련 제도 등의 정비 · 개선**

(4) 해당 행정기관의 행정업무 혁신과 관련된 **다른 행정기관과의 협의 · 조정**

(5) 해당 행정기관의 공공기관, 기업, 단체 등과의 협업 추진에 관한 **업무를 총괄하는 부서의 지정 · 운영**

3. 혁신책임관의 등록

행정기관의 장은 혁신책임관을 임명한 경우에는 그 사실을 **행정업무혁신시스템에 등록**하여야 한다.

작성연습

1. 혁신책임관의 임명

_____은 소속 _____을 해당 행정
기관의 _____하여야 한다.

2. 혁신책임관의 업무

(1) 해당 행정기관의 행정업무 혁신 _____의 총괄

(2) 해당 행정기관의 _____에 관
한 총괄 관리

(3) 해당 행정기관의 행정업무 혁신을 위한 _____

(4) 해당 행정기관의 행정업무 혁신과 관련된 다른 _____

(5) 해당 행정기관의 공공기관, 기업, 단체 등과의 협업 추진에 관한 _____
_____

3. 혁신책임관의 등록

_____은 혁신책임관을 임명한 경우에는 그 사실을 _____
___하여야 한다.

행정업무혁신시스템

1. 행정업무혁신시스템의 **구축 · 운영**

(1) **행정안전부장관**은 행정기관이 행정업무 혁신을 원활하게 수행할 수 있도록 **행정업무혁신시스템을 구축할 수 있다.**

(2) **행정기관의 장**은 행정업무혁신시스템을 이용하여 행정업무 혁신을 수행하도록 노력해야 한다.

(3) 행정업무혁신시스템의 구축 · 운영 등에 필요한 세부 사항은 **행정안전부장관**이 정한다.

2. 행정업무혁신시스템의 **활용 촉진**

(1) **행정기관의 장**은 소관 업무 중 행정업무혁신시스템을 이용하여 업무를 수행한 실적 등 행정업무혁신시스템 **활용 실태를 평가 · 분석하고 그 활용**을 촉진하여야 한다.

(2) **행정안전부장관**은 각급 행정기관의 행정업무혁신시스템 **활용 실태를 점검 · 평가**하고 필요한 **지원**을 할 수 있다.

3. 행정정보시스템의 **상호 연계 및 통합**

(1) **행정기관의 장**은 행정업무 혁신의 원활한 추진을 위하여 **행정기관 간 행정정보시스템의 상호 연계나 통합**을 적극적으로 추진하여야 한다.

(2) **행정안전부장관**은 행정업무 혁신을 위하여 필요하다고 인정되거나 관련 행정기관의 지원 요청이 있는 경우 **행정정보시스템의 연계 · 통합에 필요한 지원**을 할 수 있다.

작성연습

1. 행정업무혁신시스템의 _____

(1) _____은 행정기관이 행정업무 혁신을 원활하게 수행할 수 있도록 _____
_____.

(2) _____은 행정업무혁신시스템을 이용하여 행정업무 혁신을 수행하도록 노력해야 한다.

(3) 행정업무혁신시스템의 구축·운영 등에 필요한 세부 사항은 _____이 정한다.

2. 행정업무혁신시스템의 _____

(1) _____은 소관 업무 중 행정업무혁신시스템을 이용하여 업무를 수행한 실적 등 행정업무혁신시스템 _____을 촉진하여야 한다.

(2) _____은 각급 행정기관의 행정업무혁신시스템 _____
하고 필요한 ____을 할 수 있다.

3. 행정정보시스템의 _____

(1) _____은 행정업무 혁신의 원활한 추진을 위하여 _____
_____을 적극적으로 추진하여야 한다.

(2) _____은 행정업무 혁신을 위하여 필요하다고 인정되거나 관련 행정기관의 지원 요청이 있는 경우 _____을 할 수 있다.

행정협업조직의 설치 및 행정업무 혁신 관련 시설 등의 확보

1. 행정협업조직의 설치

(1) 행정기관의 장은 **다수의 행정기관이 수행하는 사무의 목적, 대상 또는 관할구역 등이 유사하거나 연관성이 높은 경우**에는 관련 기능, 업무처리절차 및 정보시스템 등을 연계·통합하거나 시설·인력 등을 공동으로 활용하는 등 **협력하여 업무를 수행하는 조직을 설치·운영**할 수 있다.

(2) 행정협업조직 설치·운영에 참여하는 관계 행정기관의 장은 해당 행정협업조직의 운영을 위하여 **필요한 공동운영규정을 제정**할 수 있다.

2. 행정업무 혁신 관련 시설 등의 확보

(1) 행정기관의 장은 행정업무 혁신을 위하여 필요한 경우 **공동시설·공간·설비 등을 마련하여 다른 행정기관에 제공**할 수 있다.

(2) **행정안전부장관**은 전자적 행정업무 수행을 위하여 정부가 설치한 시설이 **행정협업 관련 시설로 활용되거나 연계되도록 노력하여야 한다.**

작성연습

1. 행정협업조직의 설치

(1) 행정기관의 장은 ＿＿＿＿＿＿＿＿＿＿＿＿＿＿＿＿＿＿＿＿＿＿＿
＿＿＿＿＿＿＿＿＿＿＿＿＿＿＿＿에는 관련 기능, 업무처리절차 및 정보시스템 등
을 연계·통합하거나 시설·인력 등을 공동으로 활용하는 등 ＿＿＿＿＿＿＿＿＿
＿＿＿＿＿＿＿＿＿＿＿＿할 수 있다.

(2) 행정협업조직 설치·운영에 참여하는 관계 행정기관의 장은 해당 행정협업조직의
운영을 위하여 ＿＿＿＿＿＿＿＿＿＿＿＿＿＿할 수 있다.

2. 행정업무 혁신 관련 시설 등의 확보

(1) 행정기관의 장은 행정업무 혁신을 위하여 필요한 경우 ＿＿＿＿＿＿＿＿＿＿＿
＿＿＿＿＿＿＿＿＿＿＿＿＿＿＿할 수 있다.

(2) ＿＿＿＿＿＿＿＿＿은 전자적 행정업무 수행을 위하여 정부가 설치한 시설이 ＿＿＿＿＿
＿＿＿＿＿＿＿＿＿＿＿＿＿＿＿＿＿＿＿＿＿＿＿＿＿.

행정업무 혁신문화의 조성 등

1. 행정업무 혁신문화의 조성 및 국제협력 등

(1) **행정안전부장관**은 행정업무 혁신에 대한 인식을 높이고, 행정업무 혁신문화를 조성하기 위하여 다음의 사업을 추진할 수 있다.

① 행정업무 혁신 **우수사례의 발굴·포상 및 홍보**
② 행정업무 혁신을 위한 자문 등 **전문인력 및 기술지원**
③ 행정업무 혁신을 위한 **포럼 및 세미나 개최**
④ 행정업무 혁신을 위한 **교육콘텐츠의 개발·보급**
⑤ 행정업무 혁신을 위한 **정책연구 및 제도개선 사업**
⑥ 그 밖에 행정업무 혁신에 필요한 사업

(2) **행정안전부장관**은 행정업무 혁신의 **참고사례 발굴 및 우수사례의 전파**, 전문인력의 양성 및 교류, 관련 전문기술의 확보 등을 위하여 **국제협력을 적극적으로 추진하여야 한다.**

(3) 행정기관의 장은 행정업무 혁신이 원활하게 수행될 수 있도록 조직 내 **활발한 소통을 유도하는 사무공간을 마련**하는 데 노력하여야 한다.

2. 행정업무 혁신우수기관 포상 및 홍보 등

(1) **행정안전부장관**은 행정업무 혁신의 **성과가 우수한 행정기관**을 선정하여 **포상 또는 홍보**할 수 있다.

(2) **행정기관의 장**은 행정업무 혁신에 이바지한 공로가 뚜렷한 **공무원 등을 포상**하고 **인사상 우대조치** 등을 할 수 있다.

작성연습

1. 행정업무 혁신문화의 조성 및 국제협력 등

(1) _____은 행정업무 혁신에 대한 인식을 높이고, 행정업무 혁신문화를 조성
하기 위하여 다음의 사업을 추진할 수 있다.

① 행정업무 혁신 _____
② 행정업무 혁신을 위한 자문 등 _____
③ 행정업무 혁신을 위한 _____
④ 행정업무 혁신을 위한 _____
⑤ 행정업무 혁신을 위한 _____
⑥ 그 밖에 행정업무 혁신에 필요한 사업

(2) _____은 행정업무 혁신의 _____
_____ 등을 위하여 _____
_____.

(3) 행정기관의 장은 행정업무 혁신이 원활하게 수행될 수 있도록 조직 내 _____
_____하는 데 노력하여야 한다.

2. 행정업무 혁신우수기관 포상 및 홍보 등

(1) _____은 행정업무 혁신의 _____을 선정하여 _____
___할 수 있다.

(2) _____은 행정업무 혁신에 이바지한 공로가 뚜렷한 _____
_____ 등을 할 수 있다.

정책연구의 정의와 종류

1. 정책연구의 정의

중앙행정기관의 장은 정책의 개발 또는 주요 정책현안에 대한 조사 · 연구 등을 목적으로 정책연구를 수행할 자와의 계약을 통하여 정책연구를 하게 할 수 있다.

2. 정책연구 관리 대상기관

정책연구 관리 대상기관은 **중앙행정기관과 그 소속기관**이다. **지방자치단체의 경우에는 정책연구 결과**를 해당 지방자치단체의 조례로 정하는 바에 따라 **정책연구관리시스템**을 통하여 공개하여야 한다.

3. 정책연구의 종류

(1) 예산편성 기준

중앙행정기관의 정책수행을 위하여 **포괄적으로 편성된 연구개발비로 추진되는 정책연구와 개별부서 사업예산에 포함된 연구개발비로서 특정사업 수행의 일부로 추진되는 정책연구로** 나눌 수 있다.

(2) 수행방식 기준

① 위탁형
연구자가 단독으로 정책연구를 수행하는 방식
② 공동연구형
연구자와 공무원이 공동으로 정책연구를 수행하는 방식
③ 자문형
연구자가 담당 공무원에게 특정 정책 현안에 대한 **의견을 서면으로 제시**하는 방식

4. 정책연구의 관리원칙

중앙행정기관의 장은 정책연구를 수행하는 과정에서 **연구과제 및 연구자 선정의 투명성과 공정성, 전문성을 확보**하고, 정책연구 **예산을 효율적으로 운용**하여야 하며, **정책연구 결과의 품질 및 활용도 제고**를 위해 최선을 다하여야 한다.

작성연습

1. 정책연구의 정의

_____ 목적으로 정책연구를 수행할 자와의 계약을 통하여 정책연구를 하게 할 수 있다.

2. 정책연구 관리 대상기관

정책연구 관리 대상기관은 _____이다. _____ _____를 해당 지방자치단체의 조례로 정하는 바에 따라 _____ _____을 통하여 공개하여야 한다.

3. 정책연구의 종류

(1) 예산편성 기준

중앙행정기관의 정책수행을 위하여 _____ _____와 _____ _____로 나눌 수 있다.

(2) 수행방식 기준

① 위탁형

_____으로 정책연구를 수행하는 방식

② 공동연구형

_____으로 정책연구를 수행하는 방식

③ 자문형

_____가 담당 공무원에게 특정 정책 현안에 대한 _____하는 방식

4. 정책연구의 관리원칙

중앙행정기관의 장은 정책연구를 수행하는 과정에서 _____ _____하고, 정책연구 _____하여야 하며, ____ _____를 위해 최선을 다하여야 한다.

1. 정책연구심의위원회의 설치 및 심의사항

중앙행정기관의 장은 정책의 개발 또는 주요 정책현안에 대한 조사·연구 등을 목적으로 **정책연구를 수행할 자와의 계약을 통한 정책연구에 관한** 다음의 사항을 **심의하기 위하여 정책연구심의위원회**를 둔다.

(1) **연구과제와 연구자의 선정**에 관한 사항

(2) **연구결과의 평가**에 관한 사항

(3) **연구결과의 활용상황 점검 및 공개** 등에 관한 사항

(4) **그 밖에 정책연구의 체계적인 관리**를 위하여 필요한 사항

2. 정책연구심의위원회의 구성

(1) 정책연구심의위원회는 **위원장 1명을 포함하여 10명 이상 30명 이하의 위원**으로 **성별을 고려**하여 구성하되, **위촉하는 위원의 수가 전체 위원 수의 과반수가 되도록 구성**하여야 한다.

(2) 위원회의 위원장은 **정책연구에 관한 업무를 총괄하는 실 또는 국의 장**이 되고, **위원**은 **해당 중앙행정기관의 장이 지명하는 과장급 이상 공무원**과 그 중앙행정기관 소관 업무에 관한 전문적인 지식과 경험이 풍부한 **외부 전문가 중에서 해당 중앙행정기관의 장이 위촉**하는 사람이 된다.

(3) 위원회의 위원 중 위촉하는 위원의 임기는 **2년으로 하되 연임할 수 있다.**

3. 정책연구심의위원회의 운영

(1) 위원회의 회의는 **재적위원 과반수의 출석으로 개의**하고, **출석위원 과반수의 찬성으로 의결**한다. 이 경우 **위촉위원의 과반수가 출석한 경우에만 개의**할 수 있다.

(2) 위원회는 **군사기밀** 관련 사항, **국가기밀** 관련 사항, **비밀**로 관리되는 사항을 심의하는 경우 **위촉위원의 참여를 배제**할 수 있다.

(3) 「행정업무규정」 등에서 규정한 사항 외에 **위원회 운영에 필요한 사항은 위원회의 의결을 거쳐 위원장이 정한다.**

작성연습

1. 정책연구심의위원회의 설치 및 심의사항

_____은 정책의 개발 또는 주요 정책현안에 대한 조사 · 연구 등을 목적으로 _____ 다음의 사항을 _____를 둔다.

(1) _____에 관한 사항

(2) _____에 관한 사항

(3) _____ 등에 관한 사항

(4) _____를 위하여 필요한 사항

2. 정책연구심의위원회의 구성

(1) 정책연구심의위원회는 _____으로 _____ 하여 구성하되, _____하여야 한다.

(2) 위원회의 위원장은 _____이 되고, _____ _____과 그 중앙행정기관 소관 업무에 관한 전문적인 지식과 경험이 풍부한 _____ _____하는 사람이 된다.

(3) 위원회의 위원 중 위촉하는 위원의 임기는 _____.

3. 정책연구심의위원회의 운영

(1) 위원회의 회의는 _____하고, _____한 다. 이 경우 _____할 수 있다.

(2) 위원회는 _____ 관련 사항, _____ 관련 사항, ____로 관리되는 사항을 심의 하는 경우 _____할 수 있다.

(3) 「행정업무규정」 등에서 규정한 사항 외에 _____ _____ _____.

소위원회의 설치 및 운영

1. 정책연구심의위원회는 위원회의 업무를 효율적으로 수행하기 위하여 **필요하면 소위원회를 둘 수 있으며**, 연구과제의 선정을 제외한 사항에 대한 심의를 소위원회에 위임할 수 있다. 이 경우 위원회는 **소위원회의 심의 내용을 확인·점검**할 수 있다.

2. 정책연구심의위원회나 소위원회의 **위원**은 본인 또는 본인의 배우자, 4촌 이내의 **혈족**, 2촌 이내의 인척 또는 그 사람이 속한 기관·단체와의 정책연구 계약에 관한 사항의 심의·의결에 관여하지 못한다.

3. 소위원회는 **위원장 1명을 포함하여 4명 이상 10명 이하의 위원**으로 **성별을 고려하여** 구성하되, **위촉하는 위원의 수가 전체 소위원회 위원 수의 과반수**가 되도록 **구성**하여야 한다.

4. 소위원회의 **위원장은 연구과제를 담당하는 실 또는 국의 장**이 되고, **위원**은 해당 **중앙행정기관의 장이 지명하는 과장급 공무원**과 그 연구과제에 대한 전문적인 지식과 경험이 풍부한 **외부 전문가** 중에서 **중앙행정기관의 장이 위촉**하는 사람이 된다.

작성연습

1. 정책연구심의위원회는 위원회의 업무를 효율적으로 수행하기 위하여 _____ 할 수 있다. 이 경우 위원회는 _____할 수 있다.

2. 정책연구심의위원회나 소위원회의 _____ _____ 관한 사항의 심의 · 의결에 관여하지 못한다.

3. 소위원회는 _____으로 _____ 하여 구성하되, _____ 하여야 한다.

4. 소위원회의 _____ 이 되고, _____ _____과 그 연구과제에 대한 전문적인 지식 과 경험이 풍부한 _____하는 사람이 된다.

정책연구과제의 선정

1. 정책연구과제의 심의 및 선정

(1) 위원회 심의를 거쳐 선정하는 경우

중앙행정기관의 장은 위원회의 심의를 거쳐 연구과제를 선정하여야 한다. **정책연구를 하려는 부서의 장**은 연구과제 선정에 관하여 위원회의 심의를 거치려면 **정책연구과제 심의 신청서와 정책연구과제 차별성 검토보고서**를 위원회에 제출하여야 한다.

(2) 위원회 심의를 거치지 않고 선정하는 경우

다음의 경우 **정책연구를 하려는 부서의 장이 연구과제를 선정하여 정책연구과제 차별성 검토보고서와 정책연구과제 선정 결과보고서를 위원회에 보고**하여야 한다.
① **긴급하게** 정책연구를 할 필요가 있어 연구과제를 선정하는 경우
② 예산의 편성에 따라 **특정 사업 수행의 일부로 정책연구 사업이 정해진 경우**로서 그 사업을 주관하는 부서의 장이 그 사업의 내용에 따라 연구과제를 선정하는 경우

2. 연구과제의 중복 선정 금지

중앙행정기관의 장은 **이미 연구가 완료되었거나 연구를 하고 있는 연구과제와 중복되는 연구과제를 선정하여서는 아니 된다.** 다만, 다음의 어느 하나에 해당하는 경우에는 그러하지 아니하다.

(1) 행정기관등에서 유사한 연구가 이미 수행된 경우로서 **해당 분야의 이론 및 기술의 발전 등에 따라 새로운 연구가** 필요한 경우

(2) 관련 정책의 수행을 위하여 이미 **수행된 연구과제 결과와 구분되는 학문적·이론적 체계의 구축이 필요한** 경우

(3) 행정기관등에서 연구를 진행하고 있는 경우로서 관련 사항에 대한 연구가 필요하여 행정기관등과 **공동으로 정책연구를 하려는** 경우

작성연습

1. 정책연구과제의 심의 및 선정

(1) _____

중앙행정기관의 장은 위원회의 심의를 거쳐 연구과제를 선정하여야 한다. _____
_____은 연구과제 선정에 관하여 위원회의 심의를 거치려면 _____
_____를 위원회에 제출하여야 한다.

(2) _____

다음의 경우 _____
_____를 _____하여야 한다.
① _____ 정책연구를 할 필요가 있어 연구과제를 선정하는 경우
② 예산의 편성에 따라 _____로서
그 사업을 주관하는 부서의 장이 그 사업의 내용에 따라 연구과제를 선정하는
경우

2. 연구과제의 중복 선정 금지

중앙행정기관의 장은 _____
_____. 다만, 다음의 어느 하나에 해당하는 경우
에는 그러하지 아니하다.

(1) 행정기관등에서 유사한 연구가 이미 수행된 경우로서 _____
_____가 필요한 경우

(2) 관련 정책의 수행을 위하여 이미 _____
_____한 경우

(3) 행정기관등에서 연구를 진행하고 있는 경우로서 관련 사항에 대한 연구가 필요하
여 행정기관등과 _____

정책연구과제의 변경, 과제담당관 지정 및 업무

1. 정책연구과제의 변경

(1) 포괄 연구개발비

위원회의 심의를 거쳐 변경하여야 한다.

(2) 사업별 연구개발비

그 과제를 선정한 **부서의 장의 승인**을 얻어 변경할 수 있다.

2. 과제담당관 지정 및 업무

(1) 과제담당관 지정

중앙행정기관의 장은 연구과제별로 담당부서의 **과장급 공무원을 과제담당관**으로 지정하여야 한다.

(2) 과제담당관의 업무

① 해당 정책연구에 관한 **추진계획의 수립 및 시행**
② **연구결과의 평가**
③ **정책연구의 공개**
④ 그 밖에 정책연구 수행에 필요한 업무

작성연습

1. 정책연구과제의 변경

(1) 포괄 연구개발비

_____를 거쳐 변경하여야 한다.

(2) 사업별 연구개발비

그 과제를 선정한 _____을 얻어 변경할 수 있다.

2. 과제담당관 지정 및 업무

(1) 과제담당관 지정

_____은 연구과제별로 담당부서의 _____으로
지정하여야 한다.

(2) 과제담당관의 업무

① 해당 정책연구에 관한 _____
② _____
③ _____
④ 그 밖에 정책연구 수행에 필요한 업무

Theme 61 정책 연구자 선정

1. 계약의 방법

중앙행정기관의 장은 「국가계약법」에 따른 계약의 방법으로 연구자를 선정한다.

2. 경쟁에 의한 선정

계약상대자를 결정하기 전에 **연구자 선정에 관하여 위원회의 심의**를 거쳐야 한다. 다만, **일반 경쟁 방식**으로 연구자를 선정하는 경우, **입찰참가자격 사전심사**를 하는 경우, **제안서를 제출 받아 평가**하는 경우에는 위원회의 심의를 거치지 아니한다.

3. 선정절차

(1) 정책연구과제가 선정되면 **과제담당관은 과제에 대한 사업계획서, 제안요청서(과업지시서), 산출내역서 등을 작성**한 후 기관별 일상감사 실시지침에 따라 **일상감사를 거쳐 계약부서(또는 조달청)에 계약을 요청**한다.

(2) 계약체결 요청을 받은 **계약부서는 입찰공고 후 입찰에 응한 자를 상대로 제안서 평가 및 가격평가를 실시한 후 낙찰자를 결정하고 계약을 체결**한다.

4. 수의계약에 의한 선정

(1) 수의계약 대상

경쟁에 따라 계약을 체결하는 것이 비효율적이라고 판단되는 경우로서 **추정가격이 2천만 원 초과 1억 원 이하인 계약 중 학술연구 관련된 계약은 수의계약**을 할 수 있다.

(2) 연구자에 대한 위원회 심의

수의계약이 적절한지, 연구자가 전문능력을 갖추고 있는지 등에 대해서 계약체결 전에 위원회의 심의를 거쳐야 한다.

(3) 계약체결 요청

위원회의 심의결과 연구자가 선정되면, **사업부서는 계약부서에 정책연구과제에 대한 계약체결을 요청**한다.

156   Part 01 행정업무의 운영

작성연습

1. 계약의 방법

_____한다.

2. 경쟁에 의한 선정

계약상대자를 결정하기 전에 _____를 거쳐야 한다.
다만, _____으로 연구자를 선정하는 경우, _____를 하는
경우, _____하는 경우에는 위원회의 심의를 거치지 아니한다.

3. 선정절차

(1) 정책연구과제가 선정되면 _____
_____한 후 기관별 일상감사 실시지침에 따라 _____
_____한다.

(2) 계약체결 요청을 받은 _____
_____한다.

4. 수의계약에 의한 선정

(1) 수의계약 대상

경쟁에 따라 계약을 체결하는 것이 비효율적이라고 판단되는 경우로서 _____
_____을 할 수 있다.

(2) 연구자에 대한 위원회 심의

_____
_____를 거쳐야 한다.

(3) 계약체결 요청

위원회의 심의결과 연구자가 선정되면, _____
_____한다.

정책연구의 진행

1. 정책연구 착수

(1) 착수보고회 개최

과제담당관은 연구자가 선정되면 **연구자와 합동으로 착수보고회를 개최**하여 **과업내용과 추진일정 등을 상호 협의한다.**

(2) 서약서 접수

과제담당관은 정책연구의 위조, 변조, 표절, 부당한 저자 표기 등 부정행위를 사전에 방지하기 위하여 **연구자로 하여금 정책연구 윤리 준수 서약서를 제출**받아야 한다.

(3) 자가점검표와 점검기준 제공

과제담당관은 **연구자에게 정책연구 윤리 자가점검표와 윤리 점검기준을 제공**하고, 정책연구 완료 시 **제출하도록** 한다.

2. 정책연구 수행

연구자는 정책연구 **윤리 자가점검표와 정책연구 윤리 점검기준을 고려하여 연구를 수행**한다. **과제담당관**은 연구자가 속한 연구기관에게 연구자에 대한 **연구윤리 교육을 실시**하게 하고, 연구자의 연구윤리 준수 의무를 일차적으로 **관리 감독**하게 한다.

3. 중간점검

(1) 중간점검 실시

과제담당관은 **연구 진행상황을 중간 점검**하고 연구자와 향후 **연구 일정을 협의**한 후, 점검결과서를 작성하여 **정책연구관리시스템에 등록**한다.

(2) 점검결과 보완 요구

과제담당관은 중간점검 결과, 연구자가 연구 이행을 **태만히 하거나 연구의 목적에 부합하지 아니한다고 판단되는 경우에는 해당 연구자에 대하여 시정 또는 보완을 요구**하여야 한다.

(3) 중간점검 결과 등록

과제담당관은 중간점검이 완료되면 **중간점검 결과**를 정책연구관리시스템에 등록하여야 한다.

작성연습

1. 정책연구 착수

(1) 착수보고회 개최

_____은 연구자가 선정되면 _____하여 _____

_____.

(2) 서약서 접수

_____은 정책연구의 위조, 변조, 표절, 부당한 저자 표기 등 부정행위를 사전에

방지하기 위하여 _____받아야 한다.

(3) 자가점검표와 점검기준 제공

_____은 _____하고,

정책연구 완료 시 _____.

2. 정책연구 수행

연구자는 정책연구 _____한다. _____

_____은 연구자가 속한 연구기관에게 연구자에 대한 _____하게 하고, 연

구자의 연구윤리 준수 의무를 일차적으로 _____하게 한다.

3. 중간점검

(1) 중간점검 실시

_____은 _____하고 연구자와 향후 _____한

후, 점검결과서를 작성하여 _____한다.

(2) 점검결과 보완 요구

_____은 중간점검 결과, 연구자가 연구 이행을 _____

_____한다고 판단되는 경우에는 해당 연구자에 대하여 _____

_____하여야 한다.

(3) 중간점검 결과 등록

_____은 중간점검이 완료되면 _____를 정책연구관리시스템에 등록하

여야 한다.

정책연구 결과의 평가 및 관리

1. 정책연구 결과의 평가

중앙행정기관의 장은 정책연구가 종료된 후 **위원회의 심의를 거쳐 정책연구 결과를 평가하**여야 한다. 정책연구 결과 평가는 **과제담당관과 과제담당관이 지정한 외부 전문가 1명이 공동**으로 평가하거나 **외부 전문가가 참석하는 정책연구완료 보고회를 개최**하여 평가한다.

2. 정책 윤리 점검 절차 및 방법

(1) **정책연구 결과 평가 시 점검**

연구자는 정책연구가 완료되면 정책연구 **윤리 자가점검표와 유사도 검사시스템을 활용한 유**사도 검사결과서를 발주기관에 제출한다. 비공개 과제의 경우 유사도 검사결과서 제출을 면제한다.

(2) **제보 등에 의한 사후 점검**

제보 등에 의한 연구부정행위 점검 필요 시 중앙행정기관 등 **발주기관은 연구기관에 자체**조사를 요구한다. 연구자가 속한 연구기관은 발주기관 요청 시 사후 점검을 실시한다.

(3) **평가 결과에 따른 조치**

과제담당관은 연구결과가 미흡한 경우에는 연구자로 하여금 시정하도록 조치하여야 한다. 또한, 연구 부정행위가 발견된 경우 제재처분할 수 있다.

(4) **정책연구관리시스템 등록사항 점검 및 시정 요구**

총괄부서장은 과제담당관이 **정책연구관리시스템에 등록한 사항을 최종 점검**하고, 등록사항이 잘못된 경우 시정조치 후 승인 처리하여야 한다.

(5) **연구 결과물 발간 및 사후관리**

행정기관은 정책연구 결과를 기록물로 등록하여 관리하여야 하고, 간행물로 발간하려는 경우에도 등록하여야 한다.

작성연습

1. 정책연구 결과의 평가

_____은 정책연구가 종료된 후 _____
____하여야 한다. 정책연구 결과 평가는 _____
_____으로 평가하거나 _____
_____하여 평가한다.

2. 정책 윤리 점검 절차 및 방법

(1) _____

_____는 정책연구가 완료되면 정책연구 _____와 유사도 검사시스템을
활용한 _____한다. _____의 경우 _____
_____한다.

(2) _____

제보 등에 의한 연구부정행위 점검 필요 시 중앙행정기관 등 _____
_____한다. _____
____한다.

(3) _____

_____은 _____하여
야 한다. 또한, _____할 수 있다.

(4) _____

_____은 과제담당관이 _____하고,
등록사항이 _____하여야 한다.

(5) _____

행정기관은 정책연구 결과를 기록물로 등록하여 관리하여야 하고, 간행물로 발간하
려는 경우에도 등록하여야 한다.

정책연구 결과의 활용 및 공개

1. 정책연구 결과의 활용

(1) 연구 결과의 활용상황 점검

중앙행정기관의 장은 정책연구 종료일부터 **6개월 이내**에 정책연구 결과의 **활용상황을 점검**하여야 한다. 이 경우 활용상황 점검에 관한 사항은 **위원회의 심의를 거쳐야** 한다.

(2) 활용결과의 등록

중앙행정기관의 장은 정책연구 결과 활용상황을 **정책연구관리시스템을 통하여 공개**하여야 한다.

2. 정책연구의 공개

(1) 공개 내용

① **중앙행정기관의 장**은 다음의 사항을 그 공개가 가능한 때에 지체 없이 **정책연구관리시스템을 통하여 공개**하여야 한다.
  ㉠ 정책연구의 **계약 체결 내용**
  ㉡ 정책연구 **결과 및 그 평가 결과**
  ㉢ 정책연구 **결과 활용상황**
② **지방자치단체의 장 및 교육감**은 정책연구가 종료된 후 정책연구 결과를 해당 지방자치단체의 **조례로 정하는** 바에 따라 **정책연구관리시스템을 통하여 공개**하여야 한다.

(2) 비공개 대상

① 법령상의 **비밀·비공개** 정보
② **안보·국방**·통일·외교 관련 정보
③ **국민의 생명·신체**·재산 보호 침해 관련 정보
④ **재판·수사** 등 관련 정보
⑤ **감사·감독·계약**·의사결정 관련 정보 등
⑥ **이름·주민등록번호** 등 개인정보
⑦ **법인의 경영·영업**비밀 정보
⑧ **부동산 투기·매점매석** 등 관련 정보

작성연습

1. 정책연구 결과의 활용

(1) 연구 결과의 활용상황 점검

_____은 정책연구 종료일부터 _____
_____하여야 한다. 이 경우 활용상황 점검에 관한 사항은 _____
야 한다.

(2) 활용결과의 등록

_____은 정책연구 결과 활용상황을 _____
하여야 한다.

2. 정책연구의 공개

(1) 공개 내용

① _____은 다음의 사항을 그 공개가 가능한 때에 지체 없이 _____
_____하여야 한다.
  ㉠ 정책연구의 _____
  ㉡ 정책연구 _____
  ㉢ 정책연구 _____
② _____은 정책연구가 종료된 후 정책연구 결과를 해당 지
방자치단체의 _____하여
야 한다.

(2) 비공개 대상

① 법령상의 _____ 정보
② _____ · 통일 · 외교 관련 정보
③ _____ · 재산 보호 침해 관련 정보
④ _____ 등 관련 정보
⑤ _____ · 계약 · 의사결정 관련 정보 등
⑥ _____ 등 개인정보
⑦ _____비밀 정보
⑧ _____ 등 관련 정보

Theme 65 정책연구 성과점검

1. 기관별 성과점검

중앙행정기관의 장은 매년 기관의 정책연구 추진과정, 연구 결과의 공개 및 활용상황 등을 점검하여야 한다. 매년 중앙행정기관은 정책연구를 투명하고 공정하게 관리하기 위하여 **전년도 정책연구 관리에 대한 성과를 점검**하고 있다.

2. 종합 성과점검

행정안전부장관은 기관별 점검사항을 종합하여 정책연구의 성과를 **점검**할 수 있다.

3. 종합 성과점검 결과 통보

행정안전부장관은 **종합 점검 결과를 해당 중앙행정기관의 장, 기획재정부장관 및 감사원장에게 통보**해야 한다.

4. 점검결과 활용

점검 결과를 통보받은 **중앙행정기관**은 점검 결과 **시정조치사항을 처리**하고, 기획재정부는 다음 연도 예산 편성 시 점검 결과를 **예산에 반영**하며, **감사원**은 점검 결과를 **감사자료로 활용**하게 된다.

164 Part 01 행정업무의 운영

작성연습

1. 기관별 성과점검

_____
_____하여야 한다. 매년 중앙행정기관은 정책연구를 투명하고 공정하게 관리하기 위하여 _____하고 있다.

2. 종합 성과점검

_____은 _____하여 정책연구의 성과를 ____할 수 있다.

3. 종합 성과점검 결과 통보

행정안전부장관은 _____
_____해야 한다.

4. 점검결과 활용

점검 결과를 통보받은 _____은 점검 결과 _____하고, _____는 다음 연도 예산 편성 시 점검 결과를 _____하며, _____은 점검 결과를 _____하게 된다.

정책연구관리시스템의 구축·운영

1. 구축 목적

행정안전부장관은 중앙행정기관이 **전자적으로 정책연구과정을 관리하고 정책연구 결과를 공
동으로 이용**할 수 있도록 정책연구관리시스템을 구축·운영하여야 한다.

2. 주요 기능

정책연구관리시스템 홈페이지를 통해 관심 있는 **국민 누구나 정책연구 내용과 연구보고서
등 정부의 정책연구 현황과 결과를 활용**할 수 있다. 또한 **과제담당 공무원**이 사업계획, 계약,
연구진행, 연구완료, 활용상황 등 **정책연구 전 과정을 체계적으로 관리할 수 있도록 구축**되어
있다.

3. 지방자치단체 공무원포털 활용

지방자치단체 총괄담당자와 과제담당자도 중앙행정기관과 동일한 절차로 **정책연구관리시스
템에 등록한 후 이용**할 수 있다.

작성연습

1. 구축 목적

_____은 중앙행정기관이 _____
_____할 수 있도록 정책연구관리시스템을 구축·운영하여야 한다.

2. 주요 기능

정책연구관리시스템 홈페이지를 통해 관심 있는 _____
_____할 수 있다. 또한 _____이
사업계획, 계약, 연구진행, 연구완료, 활용상황 등 _____
_____되어 있다.

3. 지방자치단체 공무원포털 활용

_____도 중앙행정기관과 동일한 절차로 _____
_____.

영상회의 개요

1. 영상회의의 정의

정보통신기술(ICT)을 기반으로 원거리에 있는 사람들과 일대일 또는 다자간 등 다양한 방식으로 진행하는 **실시간 회의**이다.

2. 영상회의의 방법

(1) **영상회의실**

영상회의실은 지리적으로 떨어져 있는 **회의실 간에 영상회의시스템을 이용**하여 다수의 회의 참석자 모습을 영상 화면으로 보면서, 하나의 회의실에 함께 있는 분위기로 회의를 진행하는 방법이다.

(2) **PC 영상회의실**

PC 영상회의는 "온-나라 이음"(정부통합의사소통시스템) 등을 통해서 **개인 자리에서 PC** 등을 통해 영상회의를 개설하거나 참여하는 방법이다.

작성연습

1. 영상회의의 정의

_____ 일대일 또는 다자간 등 다양한 방식으로 진행하는 _____이다.

2. 영상회의의 방법

(1) _____

영상회의실은 지리적으로 떨어져 있는 _____하여 다수의 회의 참석자 모습을 영상 화면으로 보면서, 하나의 회의실에 함께 있는 분위기로 회의를 진행하는 방법이다.

(2) _____

PC 영상회의는 "온-나라 이음"(정부통합의사소통시스템) 등을 통해서 _____ _____ 등을 통해 영상회의를 개설하거나 참여하는 방법이다.

정부영상회의실 설치·운영

1. 설치·운영 및 지정

(1) **행정기관의 장**은 다음의 회의를 개최하기 위하여 영상회의실을 설치·운영할 수 있다.

   ① **국무회의 및 차관회의**
   ② **장관·차관이 참석하는** 회의
   ③ **둘 이상의 정부청사에 위치한 기관 간에** 개최하는 회의
   ④ **정부청사에 위치한 기관과 지방자치단체 간에** 개최하는 회의

(2) **행정안전부장관은 정부영상회의실을 설치·운영**하거나 **행정기관이 공동으로 사용할 수 있는 영상회의실을 지정**할 수 있다. **영상회의실을 운영하는 행정기관의 장**은 다른 기관이 영상회의실 **사용을 요청하면 적극 협조**하여야 한다.

2. 관리·운영

(1) **정부청사관리소장의 조치 사항**

   ① 정부영상회의시스템의 **관리책임자 및 운영자 지정**
   ② 정부영상회의실 및 정부영상회의시스템 **보안대책의 수립**
   ③ 각종 회의용 **기자재의 제공** 및 정부영상회의 **운영의 지원**

(2) **행정안전부장관**은 해당하는 회의를 **주관하는 관계 행정기관의 장에게 정부영상회의실을 이용하여 회의를 개최할 것을 요청**할 수 있다.

작성연습

1. 설치 · 운영 및 지정

(1) _____은 다음의 회의를 개최하기 위하여 영상회의실을 설치 · 운영할 수 있다.

① _____회의

② _____ 회의

③ _____ 개최하는 회의

④ _____ 개최하는 회의

(2) _____은 _____하거나 _____ _____할 수 있다. _____은 다른 기관이 영상회의실 _____하여야 한다.

2. 관리 · 운영

(1) 정부청사관리소장의 조치 사항

① 정부영상회의시스템의 _____

② 정부영상회의실 및 정부영상회의시스템 _____

③ 각종 회의용 _____ 및 정부영상회의 _____

(2) _____은 해당하는 회의를 _____ _____할 수 있다.

정부영상회의실 설치·운영

3. 운영요원

정부청사관리소장은 다음의 업무를 담당하는 정부영상회의실 **운영요원을 배치**하여야 한다.

(1) 정부영상회의시스템 및 관련 **장비의 운영·관리**

(2) 각종 **전용회선의 관리**

(3) 정부영상회의실의 **보안관리**

4. 사용신청

정부영상회의실을 사용하려는 기관은 회의 **개최일 2일 전까지 정부청사관리소장에게 사용신청**을 하여야 하며, 정부청사관리소장은 정부영상회의실의 **사용가능 여부를 지체 없이 통보**하여야 한다.

5. 권한위임

행정안전부장관은 정부영상회의실의 관리·운영에 관한 권한을 **정부청사관리본부장**에게 위임한다.

작성연습

3. 운영요원

_____은 다음의 업무를 담당하는 정부영상회의실 _____하여
야 한다.

(1) 정부영상회의시스템 및 관련 _____

(2) 각종 _____

(3) 정부영상회의실의 _____

4. 사용신청

정부영상회의실을 사용하려는 기관은 회의 _____
_____을 하여야 하며, 정부청사관리소장은 정부영상회의실의 _____
_____하여야 한다.

5. 권한위임

_____은 정부영상회의실의 관리·운영에 관한 권한을 _____
에게 위임한다.

Theme 69 업무의 분장 및 인계·인수

1. 업무의 분장

각 처리과의 장은 **업무를 효율적**으로 처리하고 **책임소재를 명확**하게 하기 위하여 소관 업무를 **단위업무별로 분장**하되, 소속 공부원 간의 업무량이 **균형을 이룰 수 있도록** 하여야 한다.

2. 업무의 인계·인수

(1) 업무의 인계·인수의 의미

행정업무의 **책임소재를 명확히** 하고, **행정지식의 축적** 등을 통한 **업무의 효율적 관리**를 위하여 공무원 인사발령 등의 경우에 **인계자가 업무의 진행사항, 예산·물품 정보** 등을 적어서 **후임자에게 전달**하는 제도를 말한다.

(2) **업무인계·인수서 작성**

공무원이 **조직개편, 인사발령 또는 업무분장 조정** 등의 사유로 업무를 인계·인수할 때에는 해당 업무에 관한 모든 사항이 구체적으로 나타나도록 **업무관리시스템이나 전자문서시스템을 이용**하여 **업무인계·인수서를 작성하여 인계·인수**하여야 한다.

(3) **직무대리자에게 인계**

후임자가 정해지지 아니한 경우와 그 밖의 특별한 사유로 후임자에게 업무를 인계할 수 없는 경우에는 그 **직무를 대리하는 사람에게 인계**하고, 그 직무를 대리하는 사람은 **후임자가 업무를 인수**할 수 있게 되었을 때에 즉시 인계하여야 한다.

(4) **최신정보의 유지**

행정기관의 장은 인계·인수가 원활하게 이루어질 수 있도록 기능분류시스템의 자료를 **최신의 정보로 유지**하여야 한다.

작성연습

1. 업무의 분장

각 처리과의 장은 _____으로 처리하고 _____하게 하기 위하여 소관 업무를 _____하되, 소속 공무원 간의 업무량이 _____ _____ 하여야 한다.

2. 업무의 인계·인수

(1) 업무의 인계·인수의 의미

행정업무의 _____ 하고, _____ 등을 통한 _____ __를 위하여 공무원 인사발령 등의 경우에 _____ ___ 등을 적어서 _____하는 제도를 말한다.

(2) _____

공무원이 _____ 등의 사유로 업무를 인계·인수 할 때에는 해당 업무에 관한 모든 사항이 구체적으로 나타나도록 _____ _____하여 _____하여야 한다.

(3) _____

_____와 그 밖의 특별한 사유로 후임자에게 업무를 인계 할 수 없는 경우에는 _____하고, 그 직무를 대리하는 사람은 _____하여야 한다.

(4) _____

행정기관의 장은 인계·인수가 원활하게 이루어질 수 있도록 기능분류시스템의 자료를 _____하여야 한다.

70-1 업무편람의 작성 · 활용 등

1. 업무편람의 개념

행정기관이 **상당 기간에 걸쳐 반복적으로 하는 업무**는 그 업무의 처리가 **표준화 · 전문화될 수 있도록** 업무편람을 작성하여 활용하는 것을 원칙으로 한다.

2. 업무편람의 종류

(1) 행정편람

업무처리의 기준과 절차, 장비 운용 방법 등에 관하여 **다수의 행정기관이나 업무 담당자에게 필요한 지침 · 기준 · 지식** 등을 제공하여 **공통적으로 활용**하는 업무지도서나 업무참고서를 말하며, **행정기관 명의로** 발간한다.

① 자문

행정편람을 발간하려는 경우 필요하면 경우에 해당 기관의 **공무원이나 관계 전문가에게 자문**할 수 있다.

② 발간 및 수정 · 보완

행정편람은 해당 **행정기관의 장**이 발간한다. 또한 관련 제도의 변경 등으로 행정편람의 내용을 수정 또는 보완하여야 하는 **사유가 발생하면 그 내용을 수정 또는 보완**하여야 한다.

③ 관리 및 활용

행정편람은 개인 소장을 금지하고 **서가 또는 책장에 비치**하여 관계자가 누구든지 항상 손쉽게 참고 · 활용할 수 있도록 하여야 한다.

작성연습

1. 업무편람의 개념

행정기관이 _____는 그 업무의 처리가 _____
_____ 업무편람을 작성하여 활용하는 것을 원칙으로 한다.

2. 업무편람의 종류

(1) 행정편람

_____ 에 관하여 _____
_____ 등을 제공하여 _____하는 업무지
도서나 업무참고서를 말하며, _____ 발간한다.

① 자문

행정편람을 발간하려는 경우 필요하면 경우에 해당 기관의 _____
_____할 수 있다.

② 발간 및 수정 · 보완

행정편람은 해당 _____이 발간한다. 또한 관련 제도의 변경 등으로 행정
편람의 내용을 수정 또는 보완하여야 하는 _____
_____하여야 한다.

③ 관리 및 활용

행정편람은 개인 소장을 금지하고 _____하여 관계자가 누구든
지 항상 손쉽게 참고 · 활용할 수 있도록 하여야 한다.

업무편람의 작성 · 활용 등

(2) 직무편람
  ① 작성대상
  특별한 사유가 없으면 행정기관의 **직제에 규정된 최하 단위 부서별로 작성**하여야 하되, **필요한 경우에는 여러 단위업무에 관한 직무편람을 한 권으로 묶어 부서별로 작성**할 수 있다.
  ② 작성내용
  ㉠ **업무 연혁, 관련 업무 현황 및 주요업무계획**
  ㉡ **업무의 처리절차 및 흐름도**
  ㉢ **소관 보존문서 현황**
  ③ 인계 · 인수 및 관리
  소관 업무를 인계 · 인수하는 때에는 직무편람을 함께 인계 · 인수하고 정기 또는 수시로 직무편람의 내용을 **점검하며 그 내용을 수정 · 보완**하여야 한다.

3. 작성 효과

현재의 업무 상태를 파악하고, **업무의 표준화 · 단순화 · 전문화**를 촉진하며, 그 밖에 현재의 **불합리한 점을 발견**하여 개선할 수 있다.

4. 활용 효과

업무활동의 **목표와 방침의 기준, 업무를 통제**하는 데 필요한 적절한 지침이 되고, 업무의 **혼란과 불확실 및 중복을 줄이며**, 교육훈련을 위한 실효성 있는 **교재**이며, 관리층과 부하직원 상호 간 또는 각 조직 간의 **협력을 증진시키고**, 그 밖에 **업무 효율성 증진에 대한 관심**을 높여 줄 수 있다.

║║║║║║ **작성연습** ║║║║║║

(2) 직무편람

① 작성대상

특별한 사유가 없으면 행정기관의 _____하여

야 하되, _____

_____할 수 있다.

② 작성내용

㉠ _____

㉡ _____

㉢ _____

③ 인계·인수 및 관리

_____하는 때에는 _____하고 정기 또

는 수시로 직무편람의 내용을 _____하여야 한다.

3. 작성 효과

_____하고, _____를 촉진하며, 그 밖

에 현재의 _____하여 개선할 수 있다.

4. 활용 효과

업무활동의 _____하는 데 필요한 적절한 지침이 되고,

업무의 _____, 교육훈련을 위한 실효성 있는 ____이며, 관

리층과 부하직원 상호 간 또는 각 조직 간의 _____, 그 밖에 _____

_____을 높여줄 수 있다.

정책의 실명 관리

1. 정책실명제란?

행정기관의 **주요 정책의 결정 및 집행과정 등에 참여하는 관련자의 실명과 의견을 기록·관리**함으로써 정책의 **투명성과 책임성**을 높이기 위한 제도를 말한다.

2. 기록·관리 사항

(1) 행정기관의 장은 **주요 정책의 결정이나 집행 과정에** 참여한 **관련자의 소속, 직급 또는 직위, 성명과 그 의견 등을** 기록·관리하여야 한다.

(2) 행정기관의 장은 주요 정책의 결정을 위하여 **회의·공청회·세미나** 등을 개최하는 경우에는 **일시, 참석자, 발언내용, 결정사항, 표결내용** 등을 처리과의 **직원으로 하여금** 기록하게 하여야 한다.

(3) 행정기관이 언론기관에 **보도자료**를 제공하는 경우에는 그 **보도자료에 담당부서·담당자·연락처** 등을 함께 적어야 한다.

3. 정책실명제 책임관

(1) 정책실명제 책임관의 지정

행정기관의 장은 **기획조정실장 등 해당 기관의 기획 업무를 총괄하는 직위**에 있는 공무원을 정책실명제 책임관으로 지정하여야 한다.

(2) 정책실명제 책임관의 임무

① 해당 기관의 정책실명제 **활성화 계획 수립 및 시행**
② 해당 기관의 정책실명제 **대상사업 선정 및 추진실적 공개**
③ **자체 평가 및 교육**

4. 정책실명제 평가

행정안전부장관은 정책실명제의 활성화를 위하여 필요한 경우 각 행정기관의 정책실명제 **추진실적 등을 평가할 수 있다.**

||||||||| **작성연습** ||||||||||||||||||||||||||||||||||||||||||||||||||||||||||||||||

1. 정책실명제란?

행정기관의 _____
함으로써 정책의 _____을 높이기 위한 제도를 말한다.

2. 기록·관리 사항

(1) 행정기관의 장은 _____ 참여한 _____
_____ 기록·관리하여야 한다.

(2) 행정기관의 장은 주요 정책의 결정을 위하여 _____ 등을 개최하는
경우에는 _____ 등을 처리과의 _____
기록하게 하여야 한다.

(3) 행정기관이 언론기관에 _____를 제공하는 경우에는 그 _____
_____ 등을 함께 적어야 한다.

3. 정책실명제 책임관

(1) 정책실명제 책임관의 지정

행정기관의 장은 _____에 있는
공무원을 정책실명제 책임관으로 지정하여야 한다.

(2) 정책실명제 책임관의 임무

① 해당 기관의 정책실명제 _____
② 해당 기관의 정책실명제 _____
③ _____

4. 정책실명제 평가

_____은 정책실명제의 활성화를 위하여 필요한 경우 각 행정기관의 정책
실명제 _____.

정책실명제 중점관리 대상사업

1. 대상사업

(1) 주요 **국정 현안**에 관한 사항

(2) **대규모 예산이 투입**되는 사업

(3) **일정 규모 이상의 연구용역**

(4) **법령 또는 자치법규의 제정·개정 및 폐지**

(5) 행정안전부장관이 정한 절차에 따라 **국민이 신청한 사업**

(6) 그 밖에 중점관리가 필요한 사업

2. 선정절차

행정기관의 장은 정책실명제 중점관리 대상사업 선정을 위하여 **자체 세부 기준을 마련**하고, **심의위원회를 구성하여 심의를 거친 후 대상사업을 선정**하여야 한다.

3. 공개

행정기관의 장은 정책실명제 중점관리 대상사업의 추진실적을 해당 기관의 **인터넷 홈페이지 등을 통하여 공개**하여야 한다. 다만, 「정보공개법」에 따른 **비공개 대상 정보에 해당하는 경우에는** 그러하지 아니하다.

작성연습

1. 대상사업

(1) 주요 _____에 관한 사항

(2) _____되는 사업

(3) _____

(4) _____

(5) 행정안전부장관이 정한 절차에 따라 _____

(6) 그 밖에 중점관리가 필요한 사업

2. 선정절차

행정기관의 장은 정책실명제 중점관리 대상사업 선정을 위하여 _____
____하고, _____하여야 한다.

3. 공개

행정기관의 장은 정책실명제 중점관리 대상사업의 추진실적을 해당 기관의 _____
_____하여야 한다. 다만, 「정보공개법」에 따른 _____
_____ 그러하지 아니하다.

행정사
김재준 사무관리론

PART

02

민원행정 및
민원처리법령

민원행정의 특징

1. 변동성

민원행정은 그 내용이 항상 **새로운 조건하에서 결정되어 유동적·변동적**이라 할 수 있으며, 처리기관의 성격과 기능, 주민의 구성, 지역의 고유한 특성 등에 따라 그 내용을 달리하는 경우가 많아 다양성을 가진다.

2. 재정지출의 수반

민원행정은 그것의 **처리나 해결을 위해서 거의 대부분이 재정지출을 수반**해야 하며, 대부분이 고가의 비용을 요구하지는 않지만 그 종류 여하에 따라 많은 비용을 투입하여 해결될 수 있는 것들도 있다.

3. 양적 팽창 및 질적 복잡성

민원행정은 양적인 팽창뿐만 아니라 질적으로 복잡한 양상을 보이고 있으며 하나의 민원 해결은 기대수준의 상승으로 새로운 민원의 충족을 요구하게 되고, 중앙이나 지방을 막론하고 하나의 민원은 또 다른 새로운 민원을 야기하는 경우도 많이 있다.

4. 전문성과 공동노력

제기된 민원의 처리에 있어서는 **고도의 기술성과 전문적 지식을 필요로** 하며, 중앙과 지방, 지방 상호 간 그리고 여러 행정기관이 **서로 협력**하여 공동의 노력을 기울여야 하는 경우 역시 증대되고 있다.

작성연습

1. 변동성

민원행정은 그 내용이 항상 _____이라 할 수 있으며, 처리기관의 성격과 기능, 주민의 구성, 지역의 고유한 특성 등에 따라 그 내용을 달리하는 경우가 많아 다양성을 가진다.

2. 재정지출의 수반

민원행정은 그것의 _____해야 하며, 대부분이 고가의 비용을 요구하지는 않지만 그 종류 여하에 따라 많은 비용을 투입하여 해결될 수 있는 것들도 있다.

3. 양적 팽창 및 질적 복잡성

_____을 보이고 있으며 하나의 민원 해결은 기대수준의 상승으로 새로운 민원의 충족을 요구하게 되고, 중앙이나 지방을 막론하고 하나의 민원은 또 다른 새로운 민원을 야기하는 경우도 많이 있다.

4. 전문성과 공동노력

제기된 민원의 처리에 있어서는 _____ 하며, 중앙과 지방, 지방 상호 간 그리고 여러 행정기관이 _____하여 공동의 노력을 기울여야 하는 경우 역시 증대되고 있다.

민원행정의 기능

1. 행정통제 수단

민원행정제도를 통하여 **공무원이 국민에게 봉사하고 행정의 민주화를 실현**할 수 있도록 지속적인 계기와 자극으로 행정 발전을 촉진시킬 뿐만 아니라 **행정 관료제에 대한 국민의 통제를 공식화**하는 기능을 수행한다.

2. 행정구제 수단

민원행정은 주로 행정기관에 대하여 일정한 어떤 행위를 요구하는 의사표시가 전제되고 이러한 의사표시의 내용 중에는 **부당한 행정으로 인한 불이익을 시정하고자 하는 의사표시**가 포함될 수 있기 때문에 매우 간편한 **행정구제 수단**으로서의 기능을 수행한다.

3. 행정의 주민참여적 기능

주민참여는 일반적으로 특정 지역의 주민들이 그들에게 영향을 미치는 정책결정과 집행과정에 참여하는 것을 의미하는바, 민주의식이 보편화되고 지방화·분권화·도시화·전문화가 됨에 따라 주민참여가 매우 활발해지고 이에 대한 요구도 강화된다. 따라서 민원행정은 **행정과정에 국민이 참여하여 자신의 의견과 의사를 표출**하는 기능을 수행한다.

4. 행정의 신뢰성 제고

민원행정은 국민과 정부 간의 **대화를 위한 중요한 창구역할을 담당하기 때문에 행정의 투명성 확보와 국민 간의 신뢰성**을 제고시키기 위한 수단으로 이용될 수 있다.

작성연습

1. 행정통제 수단

민원행정제도를 통하여 _____할 수 있
도록 지속적인 계기와 자극으로 행정 발전을 촉진시킬 뿐만 아니라 _____
_____하는 기능을 수행한다.

2. 행정구제 수단

민원행정은 주로 행정기관에 대하여 일정한 어떤 행위를 요구하는 의사표시가 전제
되고 이러한 의사표시의 내용 중에는 _____
_____가 포함될 수 있기 때문에 매우 간편한 _____으로서의 기능
을 수행한다.

3. 행정의 주민참여적 기능

주민참여는 일반적으로 특정 지역의 주민들이 그들에게 영향을 미치는 정책결정과
집행과정에 참여하는 것을 의미하는바, 민주의식이 보편화되고 지방화 · 분권화 ·
도시화 · 전문화가 됨에 따라 주민참여가 매우 활발해지고 이에 대한 요구도 강화된
다. 따라서 민원행정은 _____하
는 기능을 수행한다.

4. 행정의 신뢰성 제고

민원행정은 국민과 정부 간의 _____
_____을 제고시키기 위한 수단으로 이용될 수 있다.

03 민원의 정의 및 민원처리법에 따른 민원의 분류

Theme 03

1. 민원의 정의

민원이란 **민원인이 행정기관에 대하여 처분 등 특정한 행위를 요구**하는 것을 말한다.

2. 민원내용에 의한 분류(「민원처리법」)

(1) 일반민원

① **법정민원**

법령·훈령·예규·고시·자치법규 등에서 **정한 일정 요건에 따라 인가·허가·승인·특허·면허** 등을 **신청**하거나 **장부·대장** 등에 **등록·등재**를 신청 또는 신고하거나 **특정한 사실 또는 법률관계에 관한 확인 또는 증명을 신청**하는 민원이다.

② **질의민원**

법령·제도·절차 등 행정업무에 관하여 행정기관의 **설명이나 해석을 요구**하는 민원이다.

③ **건의민원**

행정제도 및 운영의 개선을 요구하는 민원이다.

④ **기타민원**

법정민원, 질의민원, 건의민원 및 고충민원 **외에 행정기관에 단순한** 행정절차 또는 형식요건 등에 대한 **상담·설명**을 요구하거나 **일상생활에서 발생하는 불편사항**에 대하여 알리는 등 행정기관에 특정한 행위를 요구하는 민원이다.

(2) 고충민원(「부패방지권익위법」)

① 행정기관등의 **위법·부당한 처분이나 부작위** 등으로 인하여 **권리·이익이 침해**되거나 **불편 또는 부담**이 되는 사항의 **해결** 요구

② 민원사무의 **처리기준 및 절차가 불투명**하거나 담당 공무원의 처리지연 등 **행정기관등의 소극적인 행정행위나 부작위**로 인하여 **불편 또는 부담**이 되는 사항의 **해소요청**

③ **불합리한 행정제도·법령·시책** 등으로 인하여 **권리·이익이 침해**되거나 **불편 또는 부담**이 되는 사항의 **시정** 요구

작성연습

1. 민원의 정의

민원이란 _____하는 것을 말한다.

2. 민원내용에 의한 분류(「민원처리법」)

(1) 일반민원

① _____

_____ 등에서 _____에 따라 _____·승인·
특허·면허 등을 ___하거나 _____ 등에 _____를 신청 또는 신고하
거나 _____하는 민원이다.

② _____

_____ 등 행정업무에 관하여 행정기관의 _____하는
민원이다.

③ _____

_____의 개선을 요구하는 민원이다.

④ _____

법정민원, 질의민원, 건의민원 및 고충민원 _____ 행정절차 또
는 형식요건 등에 대한 _____을 요구하거나 _____
___에 대하여 알리는 등 행정기관에 특정한 행위를 요구하는 민원이다.

(2) 고충민원(「부패방지권익위법」)

① 행정기관등의 _____ 등으로 인하여 _____
되거나 _____이 되는 사항의 ___ 요구

② _____하거나 담당 공무원의 처리지연 등 _____
_____로 인하여 _____이 되는 사항의 ___요청

③ _____등으로 인하여 _____되거나 ___
_____이 되는 사항의 ___ 요구

04 다양한 민원의 분류 방법

1. 처리기간에 의한 분류

(1) 즉시처리민원

민원창구에서 민원담당공무원이 **접수하여 즉시(3근무시간 이내) 처리**되는 민원이다.

(2) 유기한민원

창구즉결민원을 제외한 **일정기간 이상의 처리기한이 소요**되는 민원이다.

2. 처리기관(부서)의 수에 의한 분류

(1) 단순 민원

민원인이 한 행정기관으로부터 **한 가지의 처분**만 받으면 목적이 달성되는 민원(증명 · 확인 · 신고 등)이다.

(2) 복합민원

하나의 민원목적을 실현하기 위하여 관계법령 등에 따라 여러 **관계기관 또는 관계부서의 인가 · 허가 · 승인 · 추천 · 협의 또는 확인** 등을 거쳐 처리되는 **법정민원**이다.

3. 민원신청 수에 의한 분류

(1) 반복 민원

민원인이 동일한 내용의 질의 · 건의 · 고충민원 등에 관한 서류를 **정당한 사유 없이 3회 이상 반복**하여 제출하는 민원이다.

(2) 중복 민원

민원인이 동일한 내용의 질의 · 건의 · 고충민원 등에 관한 서류를 **2개 이상의 행정기관에 제기**한 민원이다.

4. 민원인의 수에 의한 분류

(1) 개별민원

민원을 신청하는 **민원인이 1인**인 경우의 민원이다.

(2) 집단민원

공통의 이해관계를 가지고 있는 사항에 대하여 **이해 당사자들이 집단을 이루어 일괄적으로 제출하는 형식의 민원**이다. 「민원처리법」에 따라 5세대 이상의 공동이해와 관련되어 5명 이상이 연명으로 제출하는 민원을 다수인관련민원이라 한다.

작성연습

1. 처리기간에 의한 분류

(1) 즉시처리민원

민원창구에서 민원담당공무원이 ＿＿＿＿＿＿＿＿＿＿＿＿＿＿되는 민원이다.

(2) 유기한민원

창구즉결민원을 제외한 ＿＿＿＿＿＿＿＿＿＿＿＿＿＿되는 민원이다.

2. 처리기관(부서)의 수에 의한 분류

(1) 단순 민원

민원인이 한 행정기관으로부터 ＿＿＿＿＿＿＿만 받으면 목적이 달성되는 민원(증명·확인·신고 등)이다.

(2) 복합민원

＿＿＿＿＿＿＿＿＿하기 위하여 관계법령 등에 따라 여러 ＿＿＿＿＿＿＿ ＿＿＿＿＿＿＿＿＿＿＿＿ 등을 거쳐 처리되는 ＿＿＿＿이다.

3. 민원신청 수에 의한 분류

(1) 반복 민원

＿＿＿＿＿＿＿＿＿＿＿＿＿ 등에 관한 서류를 ＿＿＿＿＿＿ ＿＿＿＿＿하여 제출하는 민원이다.

(2) 중복 민원

＿＿＿＿＿＿＿＿＿＿＿＿＿＿ 등에 관한 서류를 ＿＿＿＿＿＿ ＿＿＿＿＿한 민원이다.

4. 민원인의 수에 의한 분류

(1) 개별민원

민원을 신청하는 ＿＿＿＿＿인 경우의 민원이다.

(2) 집단민원

공통의 이해관계를 가지고 있는 사항에 대하여 ＿＿＿＿＿＿＿＿＿ ＿＿＿＿＿＿＿＿＿이다. 「민원처리법」에 따라 ＿＿＿＿＿＿＿ ＿＿＿＿＿＿＿＿＿＿＿＿이라 한다.

민원인과 행정기관 등

1. 민원인 및 민원인에 해당하지 않는 자

(1) 민원인의 정의

"민원인"이란 **행정기관에 민원을 제기하는 개인 · 법인 또는 단체**를 말한다.

(2) 민원인에 해당하지 않는 자

① 행정기관에 처분 등 특정한 행위를 요구하는 **행정기관**(행정기관이 **사경제의 주체로서 요구하는 경우는 제외**)

② 행정기관과 **사법상의 계약관계가 있는 자**로서 **계약관계와 직접 관련하여 행정기관에 처분 등 특정한 행위를 요구**하는 자

③ 행정기관에 처분 등 특정한 행위를 요구하는 자로서 **성명 · 주소 등이 불명확한 자**

2. 행정기관

(1) **국가기관 및 지방자치단체**

국회 · 법원 · 헌법재판소 · 중앙선거관리위원회의 행정사무를 처리하는 기관, 중앙행정기관과 그 소속 기관, 지방자치단체와 그 소속 기관

(2) **공공기관**

① **「공공기관운영법」**에 따른 **법인 · 단체 또는 기관**

② **「지방공기업법」**에 따른 **지방공사 및 지방공단**

③ **특별법에 따라 설립된 특수법인**

④ **「초 · 중등교육법」 · 「고등교육법」** 및 그 밖의 다른 법률에 따라 설치된 **각급 학교**

⑤ **「정부출연기관법」**에 따른 **연구기관**

⑥ **「과기출연기관법」**에 따른 **연구기관**

(3) **행정권한을 위임받은 기관 등**

법령 또는 자치법규에 따라 **행정권한이 있거나 행정권한을 위임 또는 위탁받은 법인 · 단체 또는 그 기관이나 개인**

작성연습

1. 민원인 및 민원인에 해당하지 않는 자

(1) 민원인의 정의

　“민원인”이란 _____를 말한다.

(2) 민원인에 해당하지 않는 자

　① 행정기관에 처분 등 특정한 행위를 요구하는 _____(행정기관이 _____
　　_____)

　② 행정기관과 _____로서 _____
　　_____하는 자

　③ 행정기관에 처분 등 특정한 행위를 요구하는 자로서 _____

2. 행정기관

(1) _____

_____

_____

(2) _____

　① _____에 따른 _____
　② 「지방공기업법」에 따른 _____
　③ _____
　④ _____ 및 그 밖의 다른 법률에 따라 설치된 _____
　⑤ _____에 따른 _____
　⑥ _____에 따른 _____

(3) _____

　법령 또는 자치법규에 따라 _____

_____

민원 처리 담당자의 의무

1. 신속히 처리

민원은 다른 업무에 우선하여 신속히 처리하여야 하며, **법령이 정한 처리기한이 남아 있다거나 당해 민원과 관련되지 아니하는 공과금 등의 미납을** 이유로 처리를 지연시켜서는 안 된다.

2. 공정하게 처리

모든 민원인에게 차별을 두지 않고 법규의 요건에 따라 **공평하게 처리**하여야 하며 처리 과정에 있어서 **편견에 사로잡히거나 형평을 잃지 않도록 하여야 한다.**

3. 친절하게 처리

민원담당직원은 언어, 태도 등에 있어서 민원인에게 **친절하고 공손히** 대하여야 하며 민원인에게 베풀 수 있는 최대의 **편의를 제공**하여 안내하여야 한다.

4. 적법하게 처리

민원을 처리하는 데 있어서 **법규를 그릇되게 적용**하거나 불분명한 상태로 처리함으로써 **오류를 범하거나** 이로 인한 민원이 야기되지 않도록 하여야 한다.

작성연습

1. _____

   민원은 다른 업무에 우선하여 신속히 처리하여야 하며, _____
   _____ 이유로 처리를
   지연시켜서는 안 된다.

2. _____

   모든 민원인에게 차별을 두지 않고 법규의 요건에 따라 _____하여야 하며
   처리 과정에 있어서 _____.

3. _____

   민원담당직원은 언어, 태도 등에 있어서 민원인에게 _____ 대하여야 하
   며 민원인에게 베풀 수 있는 최대의 _____하여 안내하여야 한다.

4. _____

   민원을 처리하는 데 있어서 _____하거나 불분명한 상태로 처리함으
   로써 _____ 이로 인한 민원이 야기되지 않도록 하여야 한다.

민원 처리 담당자의 보호

Theme 07

1. 행정기관의 장의 보호조치 의무

(1) 행정기관의 장은 민원인 등의 폭언·폭행, 목적이 정당하지 아니한 반복 민원 등으로부터 **민원 처리 담당자를 보호**하기 위하여 민원 처리 담당자의 **신체적·정신적 피해의 예방 및 치료 등 필요한 조치**를 하여야 한다.

(2) 행정기관의 장은 민원실의 규모, 방문 민원인 수, 위법행위 발생 빈도 등을 고려하여 행정안전부장관이 정하는 인력을 **안전요원 등으로 배치**할 수 있다.

(3) 행정기관의 장은 민원인과 민원 처리 담당자 간에 고소·고발 또는 손해배상 청구 등이 발생한 경우 이에 **대응하는 업무를 총괄하는 전담부서를 지정**해야 하고, 민원 처리 담당자의 민원 처리 과정에서의 행위와 관련하여 **인사상 불이익 조치 등**을 하려는 경우에는 **그 발생 경위 등을 충분히 고려**해야 한다.

2. 민원 처리 담당자의 보호조치 요구

민원 처리 담당자는 **행정기관의 장에게 보호조치를 요구**할 수 있고, **행정기관의 장은** 이러한 민원 처리 담당자의 **요구를 이유로 해당 민원 처리 담당자에게 불이익을 주면 안 된다.**

작성연습

1. 행정기관의 장의 보호조치 의무

(1) _____ 등으
로부터 _____하기 위하여 민원 처리 담당자의 _____
_____를 하여야 한다.

(2) _____
하여 행정안전부장관이 정하는 인력을 _____할 수 있다.

(3) _____
_____한 경우 이에 _____해야 하고, 민원
처리 담당자의 민원 처리 과정에서의 행위와 관련하여 _____을 하
려는 경우에는 _____해야 한다.

2. 민원 처리 담당자의 보호조치 요구

민원 처리 담당자는 _____할 수 있고, _____
이러한 민원 처리 담당자의 _____
_____.

08 민원인의 권리와 의무, 민원 처리의 원칙

1. 민원인의 권리와 의무

(1) 민원인의 권리

민원인은 **행정기관에 민원을 신청하고 신속·공정·친절·적법한 응답을 받을 권리**가 있다.

(2) 민원인의 의무

민원인은 민원을 처리하는 담당자의 **적법한 민원 처리를 위한 요청에 협조**하여야 하고, 행정기관에 **부당한 요구**를 하거나 다른 민원인에 대한 민원 처리를 지연시키는 **등 공무를 방해하는 행위를 하여서는 아니 된다.**

2. 민원 처리의 원칙

(1) **행정기관의 장**은 관계법령 등에서 정한 **처리기간이 남아 있다거나** 그 민원과 관련 없는 공과금 등을 **미납**하였다는 이유로 민원 **처리를 지연시켜서는 아니 된다.**

(2) **행정기관의 장**은 법령의 규정 또는 위임이 있는 경우를 제외하고는 민원 처리의 절차 등을 **강화하여서는 아니 된다.**

작성연습

1. 민원인의 권리와 의무

(1) 민원인의 권리

민원인은 _____
가 있다.

(2) 민원인의 의무

민원인은 민원을 처리하는 담당자의 _____하여야 하
고, 행정기관에 _____를 하거나 다른 민원인에 대한 민원 처리를 지연시키는
_____.

2. 민원 처리의 원칙

(1) _____은 관계법령 등에서 정한 _____
_____하였다는 이유로 민원 _____.

(2) _____ 경우를 제외하고는 _____
_____.

민원인의 정보 보호, 민원의 날

1. 정보 보호

(1) **행정기관의 장은 민원의 내용과 민원인의 개인정보 등이 누설되지 아니하도록 필요한 조치**를 강구하여야 하며, 수집된 정보가 **민원 처리의 목적 외의 용도로 사용되지 아니하도록** 하여야 한다.

(2) 민원인 등의 정보 보호

① 행정기관의 장은 **정보 보호의 실태를 확인·점검**하고, 민원을 처리하는 **담당자에게 연 1회 이상 정보 보호에 필요한 교육을 실시하여야** 한다.

② 행정기관의 장은 확인·점검 결과 **법령위반 사실을 발견하거나 정보 보호 조치가 미흡**하다고 판단되는 경우에는 지체 없이 이를 **시정하고**, 담당자에 대하여 **징계 또는 그 밖에 필요한 조치를 하여야 한다.**

2. 민원의 날

(1) 민원에 대한 이해와 인식 및 민원 처리 담당자의 자긍심을 높이기 위하여 **매년 11월 24일을** 민원의 날로 정한다.

(2) **국가와 지방자치단체**는 민원의 날의 취지에 적합한 **기념행사를 할 수 있다.**

작성연습

1. 정보 보호

(1) _____
_____를 강구하여야 하며, 수집된 정보가 _____
_____하도록 하여야 한다.

(2) 민원인 등의 정보 보호

① 행정기관의 장은 _____하고, 민원을 처리하는 _____
_____하여야 한다.

② 행정기관의 장은 확인 · 점검 결과 _____
_____하다고 판단되는 경우에는 지체 없이 이를 _____, 담당자에 대하여
_____.

2. 민원의 날

(1) 민원에 대한 이해와 인식 및 민원 처리 담당자의 자긍심을 높이기 위하여 _____
_____ 민원의 날로 정한다.

(2) _____는 민원의 날의 취지에 적합한 _____.

민원의 신청과 증명서류 또는 구비서류의 전자적 제출

Theme 10

1. 민원의 신청

(1) **민원의 신청은 문서(전자문서를 포함)**로 하여야 한다. 다만, **기타민원은 구술 또는 전화로** 할 수 있다.

(2) 민원인 또는 그 위임을 받은 사람이 직접 방문할 필요가 없는 민원은 **팩스·인터넷 등 정보 통신망 또는 우편 등으로 신청**할 수 있다.

2. 증명서류 또는 구비서류의 전자적 제출 및 예외

(1) 민원인은 민원의 처리에 **필요한 증명서류나 구비서류를 전자문서나 전자화문서로** 제출할 수 있다. 다만, 다음의 사유가 있는 경우에는 그러하지 아니하다.

① 행정기관이 전자문서나 전자화문서로 증명서류나 구비서류를 받을 수 있는 **정보시스템을 구축하지 않은 경우**

② **정보시스템의 장애**로 전자문서나 전자화문서로 증명서류나 구비서류를 받기 어려운 경우

③ 민원인이 발송한 전자문서나 전자화문서가 정보시스템을 통해 **판독할 수 없는 상태로 수신된 경우**

④ 전자문서나 전자화문서의 제출이나 수신 등에 관하여 다른 **법령에 별도의 규정이 있는 경우**

(2) **행정기관의 장**은 민원의 처리에 필요한 증명서류나 구비서류를 **전자문서나 전자화문서로 받을 수 없는 경우 그 사실을 민원인에게 지체 없이 알리고, 방문·우편·팩스 등** 다른 방법을 활용하여 제출할 수 있도록 안내해야 한다.

3. 증명서류나 구비서류의 진본성 확인 등

(1) 필요사항의 제정

전자문서 또는 전자화문서로 제출된 증명서류나 구비서류의 진본성 확인 등을 위하여 필요한 사항은 **국회규칙, 대법원규칙, 헌법재판소규칙, 중앙선거관리위원회규칙 및 대통령령으로** 정한다.

(2) 제출된 전자화문서의 진본성 확인

행정기관의 장은 민원인이 제출한 전자화문서가 **다른 행정기관이 발급한 문서와 일치하는지에 대해** 다른 행정기관에 그 확인을 요청할 수 있다. 확인을 요청받은 행정기관의 장은 그 **진본성**을 확인해 주어야 한다.

작성연습

1. 민원의 신청

(1) _____로 하여야 한다. 다만, _____
____로 할 수 있다.

(2) 민원인 또는 그 위임을 받은 사람이 직접 방문할 필요가 없는 민원은 _____
_____.

2. 증명서류 또는 구비서류의 전자적 제출 및 예외

(1) 민원인은 민원의 처리에 _____
제출할 수 있다. 다만, 다음의 사유가 있는 경우에는 그러하지 아니하다.

① 행정기관이 전자문서나 전자화문서로 증명서류나 구비서류를 받을 수 있는 __
_____

② _____로 전자문서나 전자화문서로 증명서류나 구비서류를 받기 어
려운 경우

③ 민원인이 발송한 전자문서나 전자화문서가 정보시스템을 통해 _____
_____

④ 전자문서나 전자화문서의 제출이나 수신 등에 관하여 다른 _____
_____

(2) _____은 민원의 처리에 필요한 증명서류나 구비서류를 _____
_____, _____
다른 방법을 활용하여 제출할 수 있도록 안내해야 한다.

3. 증명서류나 구비서류의 진본성 확인 등

(1) 필요사항의 제정

전자문서 또는 전자화문서로 제출된 증명서류나 구비서류의 진본성 확인 등을 위하
여 필요한 사항은 _____
_____ 정한다.

(2) 제출된 전자화문서의 진본성 확인

_____은 _____
_____ 다른 행정기관에 그 확인을 요청할 수 있다. 확인을 요청받은 행정
기관의 장은 그 _____을 확인해 주어야 한다.

민원의 접수

1. 민원의 접수

(1) 행정기관의 장은 민원의 신청을 받았을 때에는 **다른 법령에 특별한 규정이 있는 경우를 제외하고는 그 접수를 보류하거나 거부할 수 없으며, 접수된 민원문서를 부당하게 되돌려 보내서는 아니 된다.**

(2) 민원은 **민원실에서 접수한다.** 다만, 민원실이 설치되어 있지 아니한 경우에는 **문서의 접수·발송을 주관하는 부서 또는 민원을 처리하는 주무부서에서 민원을 접수**한다.

(3) **행정기관의 장**은 민원을 접수하였을 때에는 **구비서류의 완비 여부, 처리 기준과 절차, 예상 처리소요기간, 필요한 현장확인 또는 조사 예정시기 등**을 해당 민원인에게 **안내**하여야 한다.

(4) 행정기관의 장은 **5명 이상의 민원인으로부터 동일한 취지**의 민원을 접수할 때에는 이를 **병합하여 접수**할 수 있다.

(5) 행정기관의 장은 전자민원창구를 통하여 민원이 신청된 경우에는 그 민원이 소관 행정기관의 **전자민원창구에 도달한 때부터 8근무시간 이내에 접수**해야 한다.

2. 민원문서의 표시인

민원문서를 **접수할 때**에는 그 민원문서의 **왼쪽 윗부분에 민원문서 표시인**을 찍어야 한다. 다만, **전자문서로 접수**하는 경우에는 민원문서 표시인을 **전자적 형태**로 나타낼 수 있다.

작성연습

1. 민원의 접수

(1) 행정기관의 장은 민원의 신청을 받았을 때에는 _____
_____하고는 _____
_____.

(2) 민원은 _____ 접수한다. 다만, 민원실이 설치되어 있지 아니한 경우에는 ____
_____
한다.

(3) _____은 민원을 접수하였을 때에는 _____
_____을 해당 민원인에게
____하여야 한다.

(4) 행정기관의 장은 _____의 민원을 접수할 때에는
이를 _____할 수 있다.

(5) 행정기관의 장은 전자민원창구를 통하여 민원이 신청된 경우에는 그 민원이 소관
행정기관의 _____해야 한다.

2. _____

민원문서를 _____에는 그 민원문서의 _____을 찍어야
한다. 다만, _____로 접수하는 경우에는 민원문서 표시인을 _____로 나타
낼 수 있다.

민원의 접수

3. 민원 처리부 기록 · 관리

민원을 접수하였을 때에는 **그 순서에 따라 민원 처리부에 기록**하여 관리하여야 한다. 다만, **가족관계등록 · 수민등록 · 병무 · 인감 · 세무관계** 등 **취급건수가 많은 민원의 접수는** 해당 행정기관의 장이 정하는 **서식에 따를 수 있다.** 또한 민원의 접수 편의와 효율적인 자료관리 등을 위하여 필요하다고 인정할 때에는 **서식을 전자적 시스템으로 작성 · 관리할 수 있다.**

4. 접수증의 교부

민원인에게 접수증을 발급하여야 한다. 민원실, 문서의 접수 · 발송을 주관하는 부서 및 민원을 처리하는 주무부서는 **2명 이상의 민원인이 대표자를 정하여 신청한 민원을 접수하였을 때에는 그 대표자에게 하나의 접수증을 발급**한다. 다만, 다음의 경우에는 접수증 교부를 생략할 수 있다.

⑴ 기타민원

⑵ 민원인이 직접 방문하지 아니하고 신청한 민원

⑶ 처리기간이 '즉시'인 민원

⑷ 접수증을 갈음하는 문서를 주는 민원

5. 민원 접수 시 민원인의 본인확인

행정기관의 장은 민원을 접수할 때 필요하다고 인정되는 경우에는 해당 **민원인 본인 또는 그 위임을 받은 사람이 맞는지 확인할 수 있다.** 민원인의 위임을 받은 사람이 맞는지 확인할 때에는 그 신원을 확인할 수 있는 **신분증명서와 위임장 등으로 확인하여야 한다.**

작성연습

3. _____

민원을 접수하였을 때에는 _____하여 관리하여야 한다. 다만, _____ · 병무 · 인감 · 세무관계 등 _____
_____ 해당 행정기관의 장이 정하는 _____. 또한 민원의 접수
편의와 효율적인 자료관리 등을 위하여 필요하다고 인정할 때에는 _____
_____.

4. _____

_____하여야 한다. 민원실, 문서의 접수 · 발송을 주관하는 부
서 및 민원을 처리하는 주무부서는 _____
_____한다. 다만, 다음의
경우에는 접수증 교부를 생략할 수 있다.

(1) _____

(2) _____

(3) _____

(4) _____

5. _____

행정기관의 장은 민원을 접수할 때 필요하다고 인정되는 경우에는 해당 _____
_____. _____
이 맞는지 확인할 때에는 그 신원을 확인할 수 있는 _____
확인하여야 한다.

불필요한 서류 요구의 금지

1. 행정기관의 장은 민원을 접수 · 처리할 때에 민원인에게 **관계법령 등에서 정한 구비서류 외의 서류를 추가로 요구**하여서는 아니 된다.

2. 행정기관의 장은 **동일한 민원서류 또는 구비서류를 복수로** 받는 경우에는 **특별한 사유가 없으면 원본과 함께 그 사본의 제출을 허용**하여야 한다.

3. 행정기관의 장은 원래의 **민원의 내용 변경 또는 갱신 신청**을 받았을 때에는 특별한 사유가 없으면 **이미 제출되어 있는 관련 증명서류 또는 구비서류를 다시 요구**하여서는 아니 된다.

4. 행정기관의 장은 민원을 접수 · 처리할 때에 다음의 어느 하나에 해당하는 경우에는 **민원인에게 관련 증명서류 또는 구비서류의 제출을 요구할 수 없으며,** 그 민원을 처리하는 담당자가 **직접 이를 확인 · 처리**하여야 한다.

(1) 민원인이 소지한 주민등록증 · 여권 · 자동차운전면허증 등 행정기관이 발급한 증명서로 그 민원의 처리에 필요한 내용을 확인할 수 있는 경우

(2) **해당 행정기관의 공부 또는 행정정보로** 그 민원의 처리에 필요한 내용을 확인할 수 있는 경우

(3) **행정정보의 공동이용**을 통하여 그 민원의 처리에 필요한 내용을 확인할 수 있는 경우

(4) **행정기관이 증명서류나 구비서류를 다른 행정기관으로부터 전자문서로 직접 발급받아** 그 민원의 처리에 필요한 내용을 확인할 수 있는 경우로서 **민원인**이 행정기관에 **미리** 해당 증명서류 또는 구비서류에 대하여 관계법령 등에서 정한 **수수료 등을 납부한 경우**

작성연습

1. 행정기관의 장은 민원을 접수·처리할 때에 민원인에게 _____ _____.

2. 행정기관의 장은 _____ 받는 경우에는 _____ _____하여야 한다.

3. 행정기관의 장은 원래의 _____을 받았을 때에는 특별한 사유가 없으면 _____ _____.

4. 행정기관의 장은 민원을 접수·처리할 때에 다음의 어느 하나에 해당하는 경우에는 _____ _____하여야 한다.

(1) _____ _____ 그 민원의 처리에 필요한 내용을 확인할 수 있는 경우

(2) _____ 그 민원의 처리에 필요한 내용을 확인할 수 있는 경우

(3) _____을 통하여 그 민원의 처리에 필요한 내용을 확인할 수 있는 경우

(4) _____ ____ 그 민원의 처리에 필요한 내용을 확인할 수 있는 경우로서 _____이 행정기관 에 ____ 해당 증명서류 또는 구비서류에 대하여 관계법령 등에서 정한 _____ _____

신청서 및 구비서류의 간소화 및 전자적 확인 등

1. 신청서 및 구비서류의 간소화

(1) 행정기관의 장은 **신청서의 기재사항**을 그 민원의 처리에 필요한 **최소한의 범위로 한정**하여야 하며, 민원인이 신청서를 쉽게 작성할 수 있도록 신청 **서식을 명확하게 정하여야 한다.**

(2) 행정기관의 장은 민원의 신청과 관련된 **구비서류를 정하는 경우**에는 신청서의 기재사항이 **사실인지 확인하거나 그 민원의 처리에 필요한 최소한의 범위에서 구체적으로 정하여야한다.**

(3) 신청서 및 구비서류의 **제출부수는 민원의 처리에 필요한 최소한으로 한정하여야 한다.**

2. 증명서류 또는 구비서류의 전자적 확인 등

(1) **행정정보의 공동이용 및 전자문서를 직접 발급받아서 민원 처리**를 원하는 민원인은 증명서류 또는 구비서류 **발급기관의 명칭**, 증명서류 또는 구비서류의 **명칭**, 증명서류 또는 구비서류의 발급을 필요로 하는 **민원사무의 명칭**, 그 밖에 증명서류 또는 **구비서류의 발급에 필요한 사항에 관한 문서를 제출**해야 한다.

(2) 행정기관과 증명서류발급기관은 정보시스템 장애로 증명서류 또는 구비서류를 **전자문서로 보내거나 받을 수 없는 경우에는 우편 등으로 증명서류 또는 구비서류를 보내거나 받을 수 있다.**

(3) 행정기관의 장이 민원을 처리하는 경우에는 그 처리기간에 **증명서류 또는 구비서류의 발급 및 확인에 걸리는 기간**은 산입하지 않는다.

작성연습

1. 신청서 및 구비서류의 간소화

(1) 행정기관의 장은 _____을 그 민원의 처리에 필요한 _____
_____하여야 하며, 민원인이 신청서를 쉽게 작성할 수 있도록 신청 _____
_____.

(2) 행정기관의 장은 민원의 신청과 관련된 _____에는 신청서의
_____
_____.

(3) 신청서 및 구비서류의 _____.

2. 증명서류 또는 구비서류의 전자적 확인 등

(1) _____를 원하는 민원인
은 증명서류 또는 구비서류 _____, 증명서류 또는 구비서류의 ___,
증명서류 또는 구비서류의 발급을 필요로 하는 _____, 그 밖에 증명서류
또는 _____해야 한다.

(2) 행정기관과 증명서류발급기관은 정보시스템 장애로 증명서류 또는 구비서류를
_____에는 _____
_____.

(3) 행정기관의 장이 민원을 처리하는 경우에는 그 처리기간에 _____
_____ 산입하지 않는다.

증명서류 또는 구비서류의 수수료 송금

1. 행정기관의 장이 증명서류 또는 구비서류의 발급을 요청하는 경우에는 **증명서류발급기관에 민원인이 납부한 수수료를 송금해야 한다.**

2. 행정기관의 장이 증명서류나 구비서류를 확인 · 처리한 경우에는 **관계법령 등에서 정한 절차에 따라 증명서류나 구비서류를 확인 · 처리한 것으로 본다.**

3. 행정기관의 장이 **행정정보의 공동이용을 통하여** 민원인의 증명서류 또는 구비서류 **제출을 갈음하는 경우에는** 증명서류나 구비서류의 **발급기관의 장과 협의하여** 해당 증명서류나 구비서류에 대한 **수수료를 감면할 수 있다.**

4. 행정기관의 장은 **행정정보의 공동이용을 통하여** 그 내용을 확인할 수 있는 **민원의 종류 · 범위**와 그 밖에 필요한 사항을 인터넷 **홈페이지 등을 통하여 공표**하여야 한다.

작성연습

1. 행정기관의 장이 증명서류 또는 구비서류의 발급을 요청하는 경우에는 _____
_____.

2. 행정기관의 장이 증명서류나 구비서류를 확인·처리한 경우에는 _____
_____.

3. 행정기관의 장이 _____ 민원인의 증명서류 또는 구비서류
_____ 증명서류나 구비서류의 _____ 해당
증명서류나 구비서류에 대한 _____.

4. 행정기관의 장은 _____ 그 내용을 확인할 수 있는 _____
_____와 그 밖에 필요한 사항을 인터넷 _____하여야 한다.

민원인의 본인정보 공동이용 요구

1. 민원인의 권리

민원인은 행정기관이 컴퓨터 등 **정보처리능력을 지닌 장치에 의하여 처리가 가능한 형태로 본인에 관한 행정정보를 보유하고 있는 경우 민원을 접수·처리하는 기관을 통하여 행정정보 보유기관의 장에게** 본인에 관한 증명서류 또는 구비서류 등의 **행정정보(법원의 재판사무·조정사무 및 그 밖에 이와 관련된 사무에 관한 정보는 제외)를 본인의 민원 처리에 이용되도록 제공할 것을 요구**할 수 있다. 이 경우 **민원을 접수·처리하는 기관의 장은** 민원인에게 관련 증명서류 또는 구비서류의 제출을 **요구할 수 없으며**, 행정정보 보유기관의 장으로부터 해당 정보를 제공받아 민원을 처리하여야 한다.

2. 신청 방법

(1) 민원인은 본인에 관한 **행정정보의 제공을 요구**하는 경우에는 **본인정보의 종류, 접수하려는 민원 및 민원처리기관을 명시**하여 **민원접수기관의 장에게 신청**해야 한다.

(2) 신청을 받은 민원접수기관의 장은 그 내용을 지체 없이 **행정정보 보유기관의 장에게 전달**해야 한다.

(3) 본인정보 제공 요구를 전달받은 행정정보 보유기관의 장은 해당 **민원처리기관에 본인정보를 제공**해야 한다.

(4) 행정정보 보유기관의 장은 제한 또는 거절의 사유 등으로 **본인정보 제공을 거절한 경우에는 지체 없이 해당 사실 및 그 사유를 민원접수기관을 통하여 민원인에게 알려야 한다.**

(5) 행정정보 보유기관의 장은 전산시스템 장애 등으로 **본인정보 제공이 지연되거나 어려운 경우에는 지체 없이 해당 사실 및 그 사유를 민원접수기관을 통하여 민원인에게 알리고, 그 사유가 해소된 즉시 본인정보를 제공**해야 한다.

작성연습

1. 민원인의 권리

민원인은 행정기관이 컴퓨터 등 _____

_____

_____ 본인에 관한 증명서류 또는 구비서류 등의 _____

(_____ ·조정사무 및 그 밖에 이와 관련된 사무에 관한 정보는 _____)

_____ 할 수 있다. 이 경우 _____

_____ 민원인에게 관련 증명서류 또는 구비서류의 제출을 _____

_____, 행정정보 보유기관의 장으로부터 해당 정보를 제공받아 민원을 처리하여야

한다.

2. 신청 방법

(1) 민원인은 본인에 관한 _____하는 경우에는 _____

_____하여 _____해야 한다.

(2) 신청을 받은 민원접수기관의 장은 그 내용을 지체 없이 _____

_____해야 한다.

(3) 본인정보 제공 요구를 전달받은 행정정보 보유기관의 장은 해당 _____

_____해야 한다.

(4) 행정정보 보유기관의 장은 제한 또는 거절의 사유 등으로 _____

_____

_____.

(5) 행정정보 보유기관의 장은 전산시스템 장애 등으로 _____

_____에는 지체 없이 해당 _____

_____, 그 사유가 해소된 즉시 본인정보를 제공해야 한다.

민원인의 본인정보 공동이용 요구

3. 본인정보 정기적 제공 요구 및 철회

(1) 민원인이 **본인정보 제공을 요구할 때에는** 행정정보 보유기관의 장에게 **본인정보의 정확성 및 최신성이** 유지될 수 있도록 **정기적으로 같은 내역의 본인정보를 민원처리기관에 제공할 것을 요구할 수 있다.**

(2) 정기적인 본인정보 제공을 요구한 민원인은 **그 요구를 철회할 수 있다.**

(3) 정기적 공동이용 및 철회의 방법 · 절차에 **필요한 사항은 행정안전부장관이 정하여 고시한다.**

4. 요구할 수 있는 본인정보의 종류

(1) **행정안전부장관**은 민원인이 행정정보 보유기관의 장에게 요구할 수 있는 본인에 관한 **행정 정보의 종류를 보유기관의 장과 협의하여 정하고, 이를 국민에게 공표하여야 한다.**

(2) 본인정보의 종류 및 세부유형
　① **주민등록표,** 병적증명서 등 **개인의 신원**에 관한 본인정보
　② **등기사항증명서 등 법인 또는 그 밖의 단체의 지위 및 성격을 파악**하기 위하여 필요한 본인정보
　③ **개인 또는 법인,** 그 밖의 단체의 자격의 **증명**에 관한 본인정보
　④ **물건 또는 법률상의 권리**에 관한 본인정보
　⑤ **토지 등 특정한 물건이나 그 밖의 권리의 소재 · 형상 및 그에 대한 평가를 확인하기 위하여 필요한** 본인정보
　⑥ **개인 등의 행위에 대한 사실을 증명**하기 위하여 필요한 본인정보
　⑦ 그 밖에 행정기관이 민원 처리 등 소관 업무를 수행하는 데에 반드시 필요한 본인정보

작성연습

3. 본인정보 정기적 제공 요구 및 철회

(1) 민원인이 _____ 행정정보 보유기관의 장에게 _____

_____ 될 수 있도록 _____

_____.

(2) 정기적인 본인정보 제공을 요구한 민원인은 _____.

(3) 정기적 공동이용 및 철회의 방법·절차에 _____

_____.

4. 요구할 수 있는 본인정보의 종류

(1) _____은 민원인이 행정정보 보유기관의 장에게 요구할 수 있는 본인에

관한 _____

_____.

(2) 본인정보의 종류 및 세부유형

① _____, 병적증명서 등 _____에 관한 본인정보

② _____ 등 _____하기 위하여

필요한 본인정보

③ _____, 그 밖의 단체의 자격의 ___에 관한 본인정보

④ _____에 관한 본인정보

⑤ _____·형상 및 그에 대한 평가를 ____

_____ 본인정보

⑥ _____하기 위하여 필요한 본인정보

⑦ 그 밖에 행정기관이 민원 처리 등 소관 업무를 수행하는 데에 반드시 필요한 본

인정보

민원인의 본인정보 공동이용 요구

5. 행정정보의 관리

행정안전부장관은 행정정보 공동이용센터를 통하여 안전하고 신뢰할 수 있는 방법으로 정보시스템을 연계하는 등 **해당 행정정보의 위조·변조·훼손·유출 또는 오용·남용을** 방지하여야 한다.

6. 수수료 감면

행정기관의 장은 **컴퓨터 등 정보처리능력을 지닌 장치**에 의하여 처리가 가능한 형태로 **행정정보를 제공하는 경우**에는 다른 법률에도 불구하고 **수수료를 감면**할 수 있다.

7. 실태점검 등

(1) 다른 기관으로부터 행정정보를 제공받아 이용하는 행정기관의 장은 해당 **행정정보가 위조·변조·훼손·유출 또는 오용·남용되지 아니하도록 적절한 보안대책을 마련**하여야 하며, 행**정안전부장관**은 이에 대한 실태를 점검할 수 있다.

(2) 본인정보를 제공받으려는 **민원처리기관의 장은 암호화, 전산시스템 접근통제 및 접속기록관리 등의 보안대책을 마련**해야 한다.

(3) **행정안전부장관**은 보안대책 수립에 필요한 **세부 기준을 정할** 수 있다.

(4) **행정안전부장관**은 실태점검을 하는 경우 **민원처리기관의 장에게 점검항목·절차 및 시기 등을 미리 알려야** 하고, 필요한 **자료의 제출을 요구**할 수 있다.

작성연습

5. 행정정보의 관리

_____은 _____를 통하여 안전하고 신뢰할 수 있는 방법
으로 정보시스템을 연계하는 등 _____
_____ 방지하여야 한다.

6. 수수료 감면

행정기관의 장은 _____에 의하여 처리가 가능한 형
태로 _____에는 다른 법률에도 불구하고 _____할 수
있다.

7. 실태점검 등

(1) 다른 기관으로부터 행정정보를 제공받아 이용하는 행정기관의 장은 해당 _____
_____
____하여야 하며, _____은 이에 대한 실태를 점검할 수 있다.

(2) 본인정보를 제공받으려는 _____
_____해야 한다.

(3) _____은 보안대책 수립에 필요한 _____을 정할 수 있다.

(4) _____은 실태점검을 하는 경우 _____
_____ 하고, 필요한 _____할 수 있다.

다수 민원인 중 대표자의 선정

1. 대표자의 선정

행정기관의 장은 **3명 이상의 민원인**이 **대표자를 정하지 아니하고 같은 민원문서를 연명으로 제출한 경우**에는 일정한 기간을 정하여 **민원인 중에서 3명 이내의 대표자**를 선정하여 통보할 것을 요청할 수 있다. 이 경우 행정기관의 장은 해당 민원의 성격, 처리절차 및 방법 등을 고려하여 **3명 이내의 범위에서 적절한 대표자 수를** 민원인에게 제시할 수 있다.

2. 행정기관이 직접 선정

행정기관의 장은 대표자로 선정하여 통보할 것을 요청받은 3명 이상의 민원인이 **정해진 기간 내에 대표자를 선정하여 통보하지 아니한 경우에는** 3명 이상의 민원인 중 **3명 이내를 대표자로** 직접 선정할 수 있다.

3. 민원인으로서 대표자

선정된 대표자는 해당 민원의 민원인으로 보며 **민원문서의 보완, 반려, 처리기간의 연장 통보 및 처리결과통지 등**을 할 때에는 대표자에게 하면 된다.

작성연습

1. 대표자의 선정

행정기관의 장은 _____이 _____
_____에는 일정한 기간을 정하여 _____
를 선정하여 통보할 것을 요청할 수 있다. 이 경우 행정기관의 장은 해당 민원의
성격, 처리절차 및 방법 등을 고려하여 _____
민원인에게 제시할 수 있다.

2. 행정기관이 직접 선정

_____은 대표자로 선정하여 통보할 것을 요청받은 3명 이상의 민원인이
_____ 3명 이상의 민원인
중 _____.

3. 민원인으로서 대표자

선정된 대표자는 해당 민원의 민원인으로 보며 _____
_____을 할 때에는 대표자에게 하면 된다.

Theme 15 민원취약계층에 대한 편의제공 및 수수료 감면

1. 민원취약계층에 대한 편의제공

(1) 행정기관의 장의 노력

행정기관의 장은 민원의 신청 및 접수·처리 과정에서 민원취약계층에 대한 편의를 제공하기 위하여 노력하여야 한다.

(2) 민원취약계층

① 「장애인복지법」에 따라 등록된 **장애인**
② **65세 이상**인 사람
③ 「기초생활보장법」에 따른 **수급자**
④ 「외국인처우법」에 따른 **결혼이민자**
⑤ **「북한이탈주민법」**에 따른 **보호대상자**
⑥ 「모자보건법」에 따라 **임신 또는 분만 사실을 신고한 임산부**
⑦ 「영유아보육법」에 따른 **영유아를 동반한 보호자**

(3) 편의제공 사항

① **휠체어, 점자 안내책자, 보청기기, 돋보기 등** 편의용품 비치
② 민원취약계층 **전용 민원창구의 설치 및 운영**
③ **정보시스템을 이용한 민원 처리방법 등에 대한 안내 및 교육**

2. 수수료 감면

(1) 행정기관의 장은 민원취약계층에 대하여 **민원 처리에 따른 수수료를 감면할 수 있다.**

(2) **민원취약계층에 대한** 행정기관의 장의 민원 처리 **수수료의 감면 비율이나 감면 금액은** 전자**민원창구나 통합전자민원창구**를 통하여 민원을 처리하는 경우의 **감면 비율이나 감면 금액 이상으로 한다.**

(3) 행정기관의 장은 민원취약계층에 대한 민원 처리 **수수료의 감면 비율이나 감면 금액**을 정한 경우 이를 행정기관의 **인터넷 홈페이지 등을 통해 공개해야 한다.**

작성연습

1. 민원취약계층에 대한 편의제공

(1) 행정기관의 장의 노력

행정기관의 장은 민원의 신청 및 접수·처리 과정에서 민원취약계층에 대한 편의를 제공하기 위하여 노력하여야 한다.

(2) 민원취약계층

① 「장애인복지법」에 따라 등록된 _____
② _____인 사람
③ 「기초생활보장법」에 따른 _____
④ 「외국인처우법」에 따른 _____
⑤ _____에 따른 _____
⑥ 「모자보건법」에 따라 _____
⑦ 「영유아보육법」에 따른 _____

(3) 편의제공 사항

① _____ 편의용품 비치
② 민원취약계층 _____
③ _____

2. 수수료 감면

(1) 행정기관의 장은 민원취약계층에 대하여 _____.

(2) _____ 행정기관의 장의 민원 처리 _____
_____를 통하여 민원을 처리하는 경우의 _____
_____.

(3) 행정기관의 장은 민원취약계층에 대한 민원 처리 _____을 정한 경우 이를 행정기관의 _____.

Theme 16 민원실의 설치 · 운영 등

1. 민원실의 설치

행정기관의 장은 민원을 신속히 처리하고 **민원인에 대한 안내와 상담의 편의를 제공**하기 위하여 민원실을 설치할 수 있다.

2. 민원실의 운영

(1) 민원실의 1일 운영시간은 **오전 9시부터 오후 6시**까지로 한다.

(2) 행정기관의 장은 민원인 접근의 편의를 위하여 행정기관 외의 **공공장소 등에 다양한 형태의 민원실을 설치하여 운영할 수 있다.**

(3) 민원실의 **운영시간이나 운영방법은 각 행정기관의 특성에 따라** 행정안전부령 또는 해당 지방자치단체의 조례로 **달리 정할 수 있다.**

3. 민원실 관리 기타 사항

(1) **민원실의 장**은 민원이 신속히 처리될 수 있도록 **그 처리에 관한 모든 진행과정을 확인 · 관리**하여야 한다.

(2) 행정기관의 장은 소속 직원 중에서 **행정실무경험이 풍부하고 근무태도가 성실한 사람을 민원실에 배치**하여야 하며, 필요하다고 인정하는 경우에는 **관계기관의 장에게 소속 직원의 파견을 요청할 수 있다.**

(3) 행정기관의 장은 **민원실에 2년 이상 근무한 사람을 전보 시 우대할 수 있다.**

(4) 행정기관의 장은 민원인에 대한 안내와 상담을 위하여 필요하다고 인정되는 경우에는 **행정실무에 관한 지식과 경험이 있는 사람을 민원상담인으로** 위촉할 수 있다.

(5) 행정기관의 장은 **민원인에게 편의를 제공**하기 위하여 민원실에 민원을 신청하는 데 필요한 **용지 · 필기구 등을 갖추어 두어야 한다.**

(6) 행정기관의 장은 민원인에게 **편의를 제공**하고 담당자의 **안정적인 근무환경 조성**을 위하여 **민원실 시설 · 환경 등의 개선에 노력하여야 한다.**

작성연습

1. 민원실의 설치

행정기관의 장은 민원을 신속히 처리하고 _____
하기 위하여 민원실을 설치할 수 있다.

2. 민원실의 운영

(1) 민원실의 1일 운영시간은 _____까지로 한다.

(2) 행정기관의 장은 민원인 접근의 편의를 위하여 행정기관 외의 _____
_____.

(3) 민원실의 _____ 행정안전부령 또는
해당 지방자치단체의 조례로 _____.

3. 민원실 관리 기타 사항

(1) _____은 민원이 신속히 처리될 수 있도록 _____
_____하여야 한다.

(2) 행정기관의 장은 소속 직원 중에서 _____
_____하여야 하며, 필요하다고 인정하는 경우에는 _____
_____.

(3) 행정기관의 장은 _____.

(4) 행정기관의 장은 민원인에 대한 안내와 상담을 위하여 필요하다고 인정되는 경우
에는 _____ 위촉할 수 있다.

(5) 행정기관의 장은 _____하기 위하여 민원실에 민원을 신청하는
데 필요한 _____.

(6) 행정기관의 장은 민원인에게 _____하고 담당자의 _____을
위하여 _____.

전자민원창구 및 통합전자민원창구의 운영 등

1. 전자민원창구

(1) 행정기관의 장은 민원인이 해당 기관을 **직접 방문하지 아니하고도** 민원을 처리할 수 있도록 관계법령 등을 개선하고 **민원의 전자적 처리를 위한 시설과 정보시스템을 구축**하는 등 필요한 조치를 하여야 한다.

(2) 행정기관의 장은 **인터넷을 통하여 민원을 신청·접수받아 처리할 수 있는 "전자민원창구"를 구축·운영할 수 있다.** 다만, 전자민원창구를 구축하지 아니한 경우에는 **통합전자민원창구를 통하여 민원을 신청·접수받아 처리할 수 있다.**

① 행정기관의 장은 **전자민원창구**를 설치하려는 경우에는 특별한 사유가 없으면 **하나의 창구로 설치**해야 하며, **"통합전자민원창구"와 효율적으로 연계**될 수 있도록 해야 한다.

② **행정안전부장관**은 각 행정기관의 **전자민원창구를 효율적으로 연계**하기 위하여 필요한 경우에는 **국제표준의 범위에서** 전자민원창구의 인터넷주소에 관한 세부 기준을 정할 수 있다.

(3) 전자민원창구의 운영 등

① 행정기관의 장은 전자민원창구를 통하여 다음의 사항을 처리할 수 있다.
   ㉠ **민원의 신청·접수, 민원문서의 이송 및 처리결과의 통지**
   ㉡ **처리기간 연장의 통지**, 처리진행상황과 처리완료예정일 **등 민원의 처리상황 안내**
   ㉢ **법령**, 민원편람 및 민원처리기준표 **등 민원 처리와 관련된 정보의 제공**

② 행정기관의 장은 민원을 처리할 때에는 **개인정보 보호** 등을 위하여 **보안 강화 및 그 밖에 필요한 조치를 하여야 한다.**

③ 행정기관의 장은 **전자민원창구를 효율적으로 운영**하기 위하여 소속 공무원 중에서 **전자민원담당관을 임명해야 한다.**

④ 행정기관의 장은 민원창구의 단일화와 업무의 효율적 처리를 위하여 **민원심사관 또는 분임 민원심사관으로 하여금 전자민원담당관 또는 분임전자민원담당관을 겸임하게 할 수 있다.**

⑤ 행정안전부장관은 통합전자민원창구를 통하여 **둘 이상의 민원을 일괄적으로 신청 받아 소관 행정기관에 이송**하여 처리하게 할 수 있다.

작성연습

1. 전자민원창구

(1) 행정기관의 장은 민원인이 해당 기관을 ＿＿＿＿＿＿＿＿＿＿도 민원을 처리할 수 있도록 관계법령 등을 개선하고 ＿＿＿＿＿＿＿＿＿＿＿＿＿＿＿＿＿＿＿＿ ＿＿＿＿하는 등 필요한 조치를 하여야 한다.

(2) 행정기관의 장은 ＿＿＿＿＿＿＿＿＿＿＿＿＿＿＿＿＿＿＿＿＿＿＿＿＿ ＿＿＿＿＿＿＿＿＿＿＿＿＿＿. 다만, 전자민원창구를 구축하지 아니한 경우에는 ＿＿＿ ＿＿＿＿＿＿＿＿＿＿＿＿＿＿＿＿＿＿＿＿＿.

　① 행정기관의 장은 ＿＿＿＿＿＿를 설치하려는 경우에는 특별한 사유가 없으면 ＿＿＿＿＿＿＿＿해야 하며, ＿＿＿＿＿＿＿＿＿＿＿＿＿＿＿＿＿될 수 있도록 해야 한다.

　② ＿＿＿＿＿＿＿은 각 행정기관의 ＿＿＿＿＿＿＿＿＿＿＿＿＿＿하기 위하여 필요한 경우에는 ＿＿＿＿＿＿＿＿＿ 전자민원창구의 인터넷주소에 관한 세부기준을 정할 수 있다.

(3) 전자민원창구의 운영 등

　① 행정기관의 장은 전자민원창구를 통하여 다음의 사항을 처리할 수 있다.
　　㉠ ＿＿＿＿＿＿＿＿＿＿＿＿＿＿＿＿＿＿＿＿＿＿＿
　　㉡ ＿＿＿＿＿＿＿＿, 처리진행상황과 처리완료예정일 ＿＿＿＿＿＿＿＿＿
　　㉢ ＿＿, 민원편람 및 민원처리기준표 ＿＿＿＿＿＿＿＿＿＿＿＿＿
　② 행정기관의 장은 민원을 처리할 때에는 ＿＿＿＿＿＿＿ 등을 위하여 ＿＿＿＿＿＿＿＿＿＿＿＿＿＿.
　③ 행정기관의 장은 ＿＿＿＿＿＿＿＿＿＿＿＿＿하기 위하여 소속 공무원 중에서 ＿＿＿＿＿＿＿＿＿＿＿＿＿＿.
　④ 행정기관의 장은 민원창구의 단일화와 업무의 효율적 처리를 위하여 ＿＿＿＿ ＿＿＿＿＿＿＿＿＿＿＿＿＿＿＿＿＿＿＿ ＿＿＿＿＿＿＿＿＿＿.
　⑤ 행정안전부장관은 통합전자민원창구를 통하여 ＿＿＿＿＿＿＿＿＿＿＿＿＿ ＿＿＿＿＿＿＿＿＿＿＿＿＿하여 처리하게 할 수 있다.

전자민원창구 및 통합전자민원창구의 운영 등

⑥ 행정기관의 장은 전자민원창구나 통합전자민원창구를 통하여 처리하는 민원에 대한 **수수료의 감면 비율이나 감면 금액을 정한 경우에는 행정안전부장관에게 통보**해야 한다.

⑦ 행정안전부장관은 **통보받은 감면 비율이나 감면 금액을 민원처리기준표에 반영**해야 한다.

2. 통합전자민원창구

행정안전부장관은 전자민원창구의 구축 · 운영을 지원하고 **각 행정기관의 전자민원창구를 연계하기 위하여 통합전자민원창구를 구축 · 운영할 수 있다.**

3. 전자민원창구 등의 이용 제한

행정기관의 장은 민원인 또는 그 위임을 받은 자가 전자민원창구 또는 통합전자민원창구를 통하여 **정당하지 않은 목적으로 비정상적인 전자적 수단 등을 이용하여 동일한 민원을 반복하여 신청함으로써 다른 민원인에 대한 민원 처리를 지연시키는 등 심각하게 공무를 방해하는 경우에는 해당 민원인 또는 그 위임을 받은 자의 전자민원창구 또는 통합전자민원창구의 이용을 제한할 수 있다.**

작성연습

⑥ 행정기관의 장은 전자민원창구나 통합전자민원창구를 통하여 처리하는 민원에
대한 _____

_____.

⑦ 행정안전부장관은 _____

_____.

2. 통합전자민원창구

_____은 전자민원창구의 구축·운영을 지원하고 _____

_____.

3. 전자민원창구 등의 이용 제한

행정기관의 장은 민원인 또는 그 위임을 받은 자가 전자민원창구 또는 통합전자민
원창구를 통하여 _____

_____하여 신청함으로써 다른 민원인에 대한 민원 처리를 지연시키는 등

_____

_____.

민원신청의 편의 제공

1. 민원신청의 편의 제공

행정기관의 장은 **민원실에 민원 관련 법령**·편람과 민원의 처리 기준과 절차 등 **민원의 신청에 필요한 사항**을 게시하고 이를 **인터넷 홈페이지**를 통하여 제공하는 등 민원인에게 민원신청의 편의를 제공하여야 한다.

2. 민원편람의 비치 등 신청편의의 제공

(1) 행정기관의 장은 민원인이 **민원편람**을 열람할 수 있도록 민원실에 **민원편람**을 비치하거나 **컴퓨터**를 설치하는 등 필요한 조치를 하여야 한다.

(2) 행정기관의 장은 민원편람에 민원의 종류별로 **신청서식, 구비서류, 처리주무부서**, 경유기관·협의기관, 처리절차, 처리기간, 심사기준, 수수료, **그 밖에 민원에 관한 안내에 필요한 사항을 분명히 적어야 한다.**

(3) 행정기관의 장은 다음의 어느 하나에 해당하는 민원에 대해서는 그 종류를 정하여 **민원실**에 게시하거나 **민원편람**에 게재하여야 한다.

① **무인민원발급창구**를 통하여 발급할 수 있는 민원
② **팩스·인터넷 등 정보통신망 또는 우편** 등으로 신청할 수 있는 민원
③ **민원인이 구술하고 담당자가 그 사항을 문서로 작성**하여 신청할 수 있는 민원

(4) 행정기관의 장은 **문서로 접수하는 민원**의 경우 민원인의 편의를 위하여 민원인이 민원신청에 필요한 사항을 담당자에게 **구술**하고, 담당자가 이를 **문서로 작성**하여 민원인이 **서명**한 때에는 이를 민원문서로 접수할 수 있다.

작성연습

1. 민원신청의 편의 제공

행정기관의 장은 _____ · 편람과 민원의 처리 기준과 절차 등 __
_____을 게시하고 이를 _____을 통하여 제공하는 등
민원인에게 민원 신청의 편의를 제공하여야 한다.

2. 민원편람의 비치 등 신청편의의 제공

(1) 행정기관의 장은 민원인이 _____을 열람할 수 있도록 민원실에 _____을 비
치하거나 _____를 설치하는 등 필요한 조치를 하여야 한다.

(2) 행정기관의 장은 민원편람에 민원의 종류별로 _____,
경유기관·협의기관, 처리절차, 처리기간, 심사기준, 수수료, _____
_____.

(3) 행정기관의 장은 다음의 어느 하나에 해당하는 민원에 대해서는 그 종류를 정하여
_____에 게시하거나 _____에 게재하여야 한다.
① _____를 통하여 발급할 수 있는 민원
② _____ 등으로 신청할 수 있는 민원
③ _____하여 신청할 수 있는 민원

(4) 행정기관의 장은 _____ 경우 민원인의 편의를 위하여 민원인이
민원신청에 필요한 사항을 담당자에게 ___하고, 담당자가 이를 _____하여
민원인이 ___한 때에는 이를 민원문서로 접수할 수 있다.

다른 행정기관 등을 이용한 민원의 접수·교부 등(어디서나 민원처리제)

1. 개념

행정기관의 장은 **민원인의 편의를 위하여** 그 행정기관이 접수하고 처리결과를 교부하여야 할 민원을 **다른 행정기관**이나 특별법에 따라 설립되고 전국적 조직을 가진 **법인(농협, 새마을 금고 등)**으로 하여금 **접수·교부하게 할 수 있다.**

2. 처리절차

(1) **민원을 접수한 다른** 행정기관이나 농협 또는 새마을금고는 그 민원을 지체 없이 **소관 행정기관에 보내야 한다.**

(2) **민원을 받은 소관 행정기관**은 그 민원을 신속히 처리하고 **그 처리 결과를 민원인이 교부받으려는 교부기관에 보내야 한다.** 이 경우 접수기관이 소관 행정기관으로부터 해당 민원과 관련한 신청서·구비서류 등의 송부를 요청받은 경우에는 지체 없이 이를 송부하여야 한다.

(3) **민원문서를 교부하는 다른 행정기관의 장**은 소관 행정기관의 관인을 생략하고 **해당 기관의 관인을 찍어 민원문서를 교부할 수 있다.** 다만, 법령상 또는 그 민원의 성질상 소관 행정기관의 관인을 찍을 필요가 있는 민원문서에는 소관 행정기관의 관인을 찍어야 한다.

3. 민원을 접수·교부하는 법인 임직원의 지위

민원을 접수·교부하는 법인의 임직원은 「형법」이나 그 밖의 법률에 따른 **벌칙을 적용할 때**에는 공무원으로 본다.

4. 교부 제한

민원을 받은 소관 행정기관의 장은 **동일한 민원인이 동시에 많은 양의 동일한 증명서 등 문서의 교부를 신청**하여 처리기간 내에 처리하기 어려운 경우에는 **20통마다 처리기간을 1일씩 연장하여 교부할 수 있다.**

작성연습

1. 개념

행정기관의 장은 _____ 그 행정기관이 접수하고 처리결과를 교부하여야 할 민원을 _____

_____.

2. 처리절차

(1) _____ 행정기관이나 농협 또는 새마을금고는 그 민원을 지체 없이

_____.

(2) _____은 그 민원을 신속히 처리하고 _____

_____. 이 경우 접수기관이 소관 행정기관으로부터

해당 민원과 관련한 신청서·구비서류 등의 송부를 요청받은 경우에는 지체 없이

이를 송부하여야 한다.

(3) _____은 소관 행정기관의 관인을 생략하고

_____. 다만, 법령상 또는 그 민원의

성질상 소관 행정기관의 관인을 찍을 필요가 있는 민원문서에는 소관 행정기관의

관인을 찍어야 한다.

3. 민원을 접수·교부하는 법인 임직원의 지위

_____은 「형법」이나 그 밖의 법률에 따른 _____

_____.

4. 교부 제한

민원을 받은 소관 행정기관의 장은 _____

_____하여 처리기간 내에 처리하기 어려운 경우에는 _____

_____.

다른 행정기관 등을 이용한 민원의 접수·교부 등(어디서나 민원처리제)

5. 수수료 외에 업무처리비 등 추가비용 납부

다른 행정기관 등을 이용하여 민원을 신청하는 경우에는 관계법령 등에서 정한 **수수료 외에 업무처리비 등 추가비용을 교부기관에 납부하여야 한다.**

6. 어디서나 민원처리제 관련 행정안전부장관의 고시

(1) 다른 행정기관 등을 이용하여 접수·처리할 수 있는 민원

행정안전부장관은 다른 행정기관 등을 이용하여 접수·처리할 수 있는 **민원의 종류, 접수·교부 기관 및 추가비용 등을 관계 행정기관의 장과 협의하여 정한 후 고시하여야 한다.**

(2) 통합하여 접수·교부할 수 있는 민원

다른 행정기관이나 농협 또는 새마을금고는 민원인이 **소관 행정기관이 다른 둘 이상의 민원을 통합하여 신청했을 때에는 이를 통합하여 접수·교부할 수 있다.** 통합하여 접수된 민원은 그 민원의 소관 법령에 따라 **각 소관 행정기관에 접수된 것으로 본다.** 이 경우 통합하여 접수한 민원 중 **다른 민원의 처리를 위하여 선행적으로 완결되어야 하는 민원이 있는 경우에는 그 선행 민원이 완결되는 데 걸린 기간은 다른 민원의 처리기간에 산입하지 아니한다.**

(3) 정보통신망을 이용하여 접수·교부할 수 있는 민원

행정기관의 장은 정보통신망을 이용하여 다른 행정기관 소관의 민원을 접수·교부할 수 있는 경우에는 **이를 직접 접수·교부할 수 있고,** 이러한 민원의 종류는 행정안전부장관이 관계 중앙행정기관의 장과 협의를 거쳐 결정·고시한다.

7. 고유식별정보의 처리

다른 행정기관 소관의 민원을 접수·교부하는 행정기관(농협 및 새마을금고 포함)의 장은 **민원을 접수·교부하기 위하여 불가피한 경우 주민등록번호, 여권번호, 운전면허의 면허번호 또는 외국인등록번호가 포함된 자료를 처리할 수 있다.**

작성연습

5. 수수료 외에 업무처리비 등 추가비용 납부

다른 행정기관 등을 이용하여 민원을 신청하는 경우에는 관계법령 등에서 정한 __

_____.

6. 어디서나 민원처리제 관련 행정안전부장관의 고시

(1) 다른 행정기관 등을 이용하여 접수·처리할 수 있는 민원

_____은 다른 행정기관 등을 이용하여 접수·처리할 수 있는 _____

_____

_____.

(2) 통합하여 접수·교부할 수 있는 민원

다른 행정기관이나 농협 또는 새마을금고는 민원인이 _____

_____. 통합하

여 접수된 민원은 그 민원의 소관 법령에 따라 _____.

이 경우 통합하여 접수한 민원 중 _____

_____

_____.

(3) 정보통신망을 이용하여 접수·교부할 수 있는 민원

행정기관의 장은 정보통신망을 이용하여 다른 행정기관 소관의 민원을 접수·교부
할 수 있는 경우에는 _____, 이러한 민원의 종류는 행정
안전부장관이 관계 중앙행정기관의 장과 협의를 거쳐 결정·고시한다.

7. 고유식별정보의 처리

다른 행정기관 소관의 민원을 접수·교부하는 행정기관(농협 및 새마을금고 포함)
의 장은 _____

_____.

민원문서의 이송

1. 이송 사유

행정기관의 장은 접수한 민원이 **다른 행정기관의 소관인 경우**에는 접수된 민원문서를 지체 없이 **소관 기관에 이송**하여야 한다.

2. 이송 방법

이송 방법은 다음의 방법에 따른다. 다만, 접수된 민원문서가 **전자문서인 경우**에는 **지체 없이 소관 기관에 전자적 방법으로 이송**하여야 한다.

(1) 민원실이 접수하는 경우

민원실에 접수된 민원문서 중 그 처리가 **민원실의 주관에 속하지 아니하는 것에 대해서는 1근무시간 이내**에 이를 처리주무부서에 이송하여야 한다. 다만, 처리주무부서가 상당히 떨어져 있는 등 **특별한 사유**가 있어 1근무시간 이내에 이송하기 어려운 경우에는 **3근무시간 이내에 이송**할 수 있다.

(2) 같은 행정기관 내 다른 부서가 접수하는 경우

같은 행정기관 내에서 소관이 아닌 민원문서를 접수한 경우에는 **3근무시간 이내에 민원실을 거쳐 처리주무부서에 이송**하여야 한다.

(3) 행정기관이 접수하는 경우

다른 행정기관 소관의 민원문서를 접수한 경우에는 **8근무시간 이내에 소관 행정기관에 이송**하고, 그 사실을 **민원인에게 통지**하여야 한다(민원인에게 민원문서의 이송 상황이 공개될 것임을 사전에 안내한 경우에는 통지를 생략할 수 있다). 이 경우 민원문서를 이송받은 행정기관은 **민원문서를 이송한 행정기관의 요청이 있을 때에는 그 행정기관에 처리 결과를 통보**하여야 한다.

작성연습

1. 이송 사유

행정기관의 장은 접수한 민원이 _____에는 접수된 민원문서를 지체 없이 _____하여야 한다.

2. 이송 방법

이송 방법은 다음의 방법에 따른다. 다만, 접수된 민원문서가 _____
_____하여야 한다.

(1) _____

민원실에 접수된 민원문서 중 그 처리가 _____
_____에 이를 처리주무부서에 이송하여야 한다. 다만, 처리주무부서가 상당히 떨어져 있는 등 _____가 있어 1근무시간 이내에 이송하기 어려운 경우에는 _____할 수 있다.

(2) _____

같은 행정기관 내에서 소관이 아닌 민원문서를 접수한 경우에는 _____
_____하여야 한다.

(3) _____

다른 행정기관 소관의 민원문서를 접수한 경우에는 _____
_____하고, 그 사실을 _____하여야 한다(민원인에게 민원문서의 이송 상황이 공개될 것임을 사전에 안내한 경우에는 통지를 생략할 수 있다). 이 경우 민원문서를 이송받은 행정기관은 _____
_____.

민원 종류별 처리기간 등

1. 법정민원의 처리기간 설정·공표

(1) 행정기관의 장은 법정민원을 신속히 처리하기 위하여 행정기관에 법정민원의 신청이 접수된 때부터 처리가 완료될 때까지 소요되는 **처리기간을 법정민원의 종류별로 미리 정하여 공표하여야 한다.**

(2) **처리기간을 정할 때에는 접수기관·경유기관·협의기관**(다른 기관과 사전협의가 필요한 경우만 해당한다) **및 처분기관** 등 **각 기관별로 처리기간을 구분하여** 정하여야 한다.

(3) **처리기간을 설정·변경**한 경우에는 **관계법령 등에 명시**하고, **민원편람에 이를 수록**하여야 한다.

2. 질의민원의 처리기간

(1) **법령**에 관하여 설명이나 해석을 요구하는 질의민원 → **14일 이내**

(2) **제도·절차 등 법령 외**의 사항에 관하여 설명이나 해석을 요구하는 질의민원 → **7일 이내**

3. **건의민원**의 처리기간

행정기관의 장은 건의민원을 접수한 경우에는 **특별한 사유가 없으면 14일 이내**에 처리하여야 한다.

4. 기타민원의 처리기간

행정기관의 장은 기타민원을 접수한 경우에는 특별한 사유가 없으면 **즉시(3근무시간 이내)** 처리하여야 한다.

(1) 행정기관의 장은 **구술 또는 전화로 신청한 기타민원**을 처리하는 경우에는 **민원 처리부에 기록하는 절차를 생략**할 수 있다.

(2) 행정기관의 장은 해당 기관의 특성을 고려하여 기타민원의 처리기간 및 처리절차 등을 달리 정하여 운영할 수 있다.

작성연습

1. 법정민원의 처리기간 설정·공표

(1) 행정기관의 장은 법정민원을 신속히 처리하기 위하여 행정기관에 법정민원의 신청이 접수된 때부터 처리가 완료될 때까지 소요되는 _____

_____.

(2) _____(다른 기관과 사전협의가 필요한 경우만 해당한다) _____ 등 _____하여 정하여야 한다.

(3) _____한 경우에는 _____하고, _____하여야 한다.

2. 질의민원의 처리기간

(1) ____에 관하여 설명이나 해석을 요구하는 질의민원 → _____

(2) _____의 사항에 관하여 설명이나 해석을 요구하는 질의민원 → _____

3. _____의 처리기간

행정기관의 장은 건의민원을 접수한 경우에는 _____에 처리하여야 한다.

4. 기타민원의 처리기간

행정기관의 장은 기타민원을 접수한 경우에는 특별한 사유가 없으면 _____ _____ 처리하여야 한다.

(1) 행정기관의 장은 _____을 처리하는 경우에는 _____ _____할 수 있다.

(2) 행정기관의 장은 해당 기관의 특성을 고려하여 기타민원의 처리기간 및 처리절차 등을 달리 정하여 운영할 수 있다.

고충민원의 처리기간 등

1. 처리기간

행정기관의 장은 고충민원을 접수한 때에는 특별한 사유가 없으면 **7일 이내**에 처리하여야 한다.

2. 현장조사

행정기관의 장은 **고충민원의 처리를 위하여** 필요한 경우 **14일의 범위에서 현장조사** 등을 할 수 있다. 다만, 부득이한 사유로 14일 내에 현장조사 등을 완료하기 어렵다고 인정되는 경우에는 **7일의 범위에서 그 기간을 한 차례만 연장**할 수 있다. **현장조사 등에 걸린 기간은 처리기간에 산입하지 않는다.**

3. 원 처리부서 · 기관 이송 금지

(1) 원 처리부서 이송 금지

행정기관의 장은 민원인이 **동일한 내용의 고충민원**을 다시 제출한 경우에는 **감사부서 등으로 하여금 이를 조사**하도록 하여야 한다.

(2) 원 처리기관 이송 금지

민원인은 **감사부서 등의 조사를 거친 경우**에는 그 고충민원과 관련한 사무에 대한 **지도 · 감독 등의 권한을 가진 감독기관의 장에게 고충민원을 신청**할 수 있다.

4. 조치사항

행정기관의 장은 처리하는 **고충민원의 내용이 정당한 사유가 있다고 인정될 때**에는 지체 없이 **원처분의 취소 · 변경 등 적절한 조치를 하고, 이를 민원인에게 통지**하여야 한다. 감독기관의 장은 고충민원을 처리하고 그 처리결과를 소관 행정기관의 장에게 통보하여야 하며, 이 경우 **소관 행정기관의 장**은 특별한 사유가 없으면 **그 결과를 존중하여 적절한 조치를 하고 이를 민원인에게 통지**하여야 한다.

5. 별도 처리체계

민원인은 고충민원을 신청하거나 처리결과를 통보받은 경우에도 **국민권익위원회 또는 시민고충처리위원회에 고충민원을 신청**할 수 있다.

작성연습

1. 처리기간

행정기관의 장은 고충민원을 접수한 때에는 특별한 사유가 없으면 _____에 처리하여야 한다.

2. 현장조사

행정기관의 장은 _____ 필요한 경우 _____ 등을 할 수 있다. 다만, 부득이한 사유로 14일 내에 현장조사 등을 완료하기 어렵다고 인정되는 경우에는 _____ 할 수 있다. _____.

3. 원 처리부서·기관 이송 금지

(1) 원 처리부서 이송 금지

행정기관의 장은 민원인이 _____을 다시 제출한 경우에는 _____하도록 하여야 한다.

(2) 원 처리기관 이송 금지

민원인은 _____에는 그 고충민원과 관련한 사무에 대한 _____할 수 있다.

4. 조치사항

행정기관의 장은 처리하는 _____에는 지체 없이 _____를 하고, 이를 _____하여야 한다. _____은 _____하여야 하며, 이 경우 _____은 특별한 사유가 없으면 _____하여야 한다.

5. 별도 처리체계

민원인은 고충민원을 신청하거나 처리결과를 통보받은 경우에도 _____.

Theme 23 민원 처리 과정에 대한 시정 요구

1. 시정 요구사항

민원인은 민원 처리 과정에서 다음의 어느 하나에 해당하는 경우에는 그 **행정기관의 장** 또는 **감독기관의 장**에게 이를 **시정할 것을 요구할 수 있다.**

(1) 행정기관의 장이 **민원의 접수를 보류·거부하거나 접수된 민원문서를 부당하게 되돌려보낸 경우**

(2) 행정기관의 장이 **관계법령** 등에서 정한 구비서류 외의 서류를 추가로 요구하는 경우

(3) **민원의 처리기간을 경과한 경우**

2. 처리절차

(1) **시정 요구를 받은 행정기관의 장 또는 감독기관의 장**은 지체 없이 이를 **조사하여 필요한 조치를 하고** 그 **처리 결과를 민원인에게 통지**하여야 한다.

(2) 민원 처리 과정에 대한 시정 요구 시 **최초 담당부서가 아닌 부서에서 처리한다.**
   ① 1차 시정 요구 시 민원심사관이 확인하여 부기관장에게 보고 후 민원인에게 처리결과 통지
   ② 2차 시정 요구 시 고충민원 처리절차 준용(감사부서 등에서 처리)

작성연습

1. 시정 요구사항

민원인은 민원 처리 과정에서 다음의 어느 하나에 해당하는 경우에는 그 _____ 또는 _____에게 이를 _____.

(1) 행정기관의 장이 _____

_____

(2) 행정기관의 장이 _____

(3) _____

2. 처리절차

(1) _____은 지체 없이 이를 _____ _____ 그 _____하여야 한다.

(2) 민원 처리 과정에 대한 시정 요구 시 _____.

① 1차 시정 요구 시 민원심사관이 확인하여 부기관장에게 보고 후 민원인에게 처리결과 통지

② 2차 시정 요구 시 고충민원 처리절차 준용(감사부서 등에서 처리)

민원심사관

1. 민원심사관의 지정

행정기관의 장은 **민원 처리상황의 확인·점검** 등을 위하여 소속 직원 중에서 **민원심사관을 지정**하여야 한다.

2. 민원심사관의 업무 등

(1) 행정기관의 장은 **민원심사관의 업무가 지나치게 많거나 특별히 전문성이 필요**하다고 판단되는 경우에는 **분임 민원심사관을 지정**하여 민원심사관의 업무를 나눠 맡도록 할 수 있다.

(2) 민원심사관은 민원의 처리상황을 수시로 확인·점검하여 **처리기간이 지난 민원을 발견한 경우에는 지체 없이 처리주무부서의 장에게 독촉장을 발급**하여야 한다.

(3) 민원심사관은 **다수인관련민원의 처리상황을 확인·점검**하고 그 결과를 소속 **행정기관의 장에게 수시로 보고**하여야 한다.

작성연습

1. 민원심사관의 지정

행정기관의 장은 _____ 등을 위하여 _____
_____하여야 한다.

2. 민원심사관의 업무 등

(1) 행정기관의 장은 _____하다
고 판단되는 경우에는 _____하여 민원심사관의 업무를 나눠 맡
도록 할 수 있다.

(2) 민원심사관은 민원의 처리상황을 수시로 확인·점검하여 _____
_____하여야 한다.

(3) 민원심사관은 _____하고 그 결과를 소속 ____
_____하여야 한다.

25 민원 처리기간

1. 처리기간의 계산

(1) 즉시

민원의 처리기간을 '즉시'로 정한 경우에는 정당한 사유가 있는 경우를 제외하고는 3근무시간 이내에 처리하여야 한다.

(2) 5일 이하

민원의 처리기간을 5일 이하로 정한 경우에는 민원의 접수시각부터 "시간" 단위로 계산하되, 공휴일과 토요일은 산입하지 아니한다. 이 경우 1일은 8시간의 근무시간을 기준으로 한다.

(3) 6일 이상

민원의 처리기간을 6일 이상으로 정한 경우에는 "일" 단위로 계산하고 첫날을 산입하되, 공휴일과 토요일은 산입하지 아니한다.

(4) 주 · 월 · 연

민원의 처리기간을 주 · 월 · 연으로 정한 경우에는 첫날을 산입하되, 「민법」제159조(기간 말일의 종료로 기간이 만료), 제160조(기간을 주, 월 또는 연으로 정한 때에는 역에 의하여 계산), 제161조(기간의 말일이 토요일 또는 공휴일에 해당한 때에는 기간은 그 익일로 만료) 규정을 준용한다.

2. 처리기간에 산입하지 아니하는 기간

(1) 신청서의 보완에 소요되는 기간

(2) 접수 · 경유 · 협의 및 처리하는 기관이 각각 상당히 떨어져 있는 경우 문서의 이송에 소요되는 기간

(3) 다수의 당사자 중 대표자를 선정하는 데 소요되는 기간

(4) 당해처분과 관련하여 의견청취가 실시되는 경우 그에 소요되는 기간

(5) 실험 · 검사 · 감정, 전문적인 기술검토 등 특별한 추가절차를 거치기 위하여 부득이하게 소요되는 기간

(6) 행정안전부령이 정하는 선행사무의 완결을 조건으로 하는 경우 그에 소요되는 기간

작성연습

1. 처리기간의 계산

(1) 즉시

민원의 처리기간을 _____
_____하여야 한다.

(2) 5일 이하

민원의 처리기간을 _____
____하되, _____. 이 경우 _____
으로 한다.

(3) 6일 이상

민원의 처리기간을 _____
_____.

(4) 주·월·연

민원의 처리기간을 _____
_____
_____
_____ 규정을 준용한다.

2. 처리기간에 산입하지 아니하는 기간

(1) _____에 소요되는 기간

(2) _____
소요되는 기간

(3) _____하는 데 소요되는 기간

(4) 당해처분과 관련하여 _____되는 경우 그에 소요되는 기간

(5) _____, 전문적인 기술검토 등 _____를 거치기 위하여 부득이
하게 소요되는 기간

(6) 행정안전부령이 정하는 _____으로 하는 경우 그에 소요되는 기간

민원 처리기간의 연장과 처리상황의 확인·점검

1. 처리기간의 연장

(1) 행정기관의 장은 부득이한 사유로 처리기간 내에 민원을 처리하기 어렵다고 인정되는 경우에는 그 민원의 **처리기간의 범위**에서 그 처리기간을 **한 차례 연장**할 수 있다. 다만, **연장된 처리기간 내에 처리하기 어려운 경우에는 민원인의 동의를 받아** 그 민원의 **처리기간의 범위**에서 처리기간을 한 차례만 다시 연장할 수 있다.

(2) 처리기간을 연장하였을 때에는 처리기간의 **연장사유와 처리완료 예정일을 지체 없이 민원인**에게 **문서로 통지**하여야 한다. 다만, 민원인에게 인터넷 홈페이지 등에 민원의 처리진행상황 등이 공개될 것임을 **사전에 안내한 경우에는 통지를 생략할 수 있다.**

2. 처리상황의 확인·점검

(1) 확인·점검

행정기관의 장은 **민원의 처리상황과 운영실태를 매월 1회 이상 확인·점검**하여야 한다.

(2) 조치 사항

행정기관의 장은 확인·점검 결과 **법령 위반 사실을 발견하거나 민원 처리가 미흡하다고 판**단되는 경우에는 지체 없이 이를 **시정하고**, 그 민원 처리와 관련 있는 **직원 등에 대하여 징계 또는 그 밖에 필요한 조치를** 하여야 한다.

(3) 포상

행정기관의 장은 확인·점검 결과 **민원 처리가 우수하다고 판단되는 직원이나 부서에 대하여 포상**할 수 있다.

작성연습

1. 처리기간의 연장

(1) 행정기관의 장은 부득이한 사유로 처리기간 내에 민원을 처리하기 어렵다고 인정되는 경우에는 그 민원의 _____에서 그 처리기간을 _____할 수 있다. 다만, _____에는 _____ 그 민원의 _____.

(2) _____에는 처리기간의 _____와 _____ _____하여야 한다. 다만, 민원인에게 인터넷 홈페이지 등에 민원의 처리진행상황 등이 공개될 것임을 _____ _____.

2. 처리상황의 확인·점검

(1) 확인·점검

행정기관의 장은 _____하여야 한다.

(2) 조치 사항

행정기관의 장은 확인·점검 결과 _____을 발견하거나 _____ _____되는 경우에는 지체 없이 이를 _____, 그 민원 처리와 관련 있는 _____를 하여야 한다.

(3) 포상

행정기관의 장은 확인·점검 결과 _____하다고 판단되는 _____ _____할 수 있다.

민원 처리진행상황 및 처리결과의 통지

1. 처리진행상황 등의 통지

(1) 행정기관의 장은 **민원이 접수된 날부터 30일이 지났으나** 처리가 완료되지 아니한 경우 또는 **민원인의 명시적인 요청**이 있는 경우에는 그 **처리진행상황과 처리완료 예정일 등을 적은 문서를 민원인에게 교부**하거나 **정보통신망 또는 우편 등의 방법으로 통지**하여야 한다.

(2) 통지는 민원이 **접수된 날부터 30일이 지날 때마다 통지**하는 것을 원칙으로 한다. 다만, 민원인에게 인터넷 홈페이지 등에 민원의 처리진행상황 등이 공개될 것임을 **사전에 안내한 경우에는 통지를 생략할 수 있다.**

2. 처리결과의 통지

(1) 행정기관의 장은 접수된 민원에 대한 **처리를 완료한 때에는** 그 결과를 민원인에게 **문서로 통지**하여야 한다. 다만, 기타민원의 경우와 민원인에게 **처리결과를 신속하게 통지**하여야 하는 경우, **민원인이 요청 또는 동의하는 경우**에는 **구술, 전화, 문자메시지, 팩시밀리 또는 전자우편 등으로 통지할 수 있다.**

(2) 처리결과를 통지함에 있어서 **민원의 내용을 거부하는 경우**에는 **거부 이유와 구제절차를 함께 통지**해야 한다.

(3) 민원의 처리결과를 **허가서 · 신고필증 · 증명서 등의 문서로 민원인에게 직접 교부할 필요가** 있는 때에는 그 **민원인 또는 그 위임을 받은 자임을 확인**한 후에 이를 교부하여야 한다.

작성연습

1. 처리진행상황 등의 통지

(1) 행정기관의 장은 _____ 처리가 완료되지 아니한 경우 또는 _____이 있는 경우에는 그 _____ _____하거나 _____ _____하여야 한다.

(2) 통지는 민원이 _____하는 것을 원칙으로 한다. 다만, 민원인에게 인터넷 홈페이지 등에 민원의 처리진행상황 등이 공개될 것임을 _____.

2. 처리결과의 통지

(1) 행정기관의 장은 접수된 민원에 대한 _____ 그 결과를 민원인에게 _____하여야 한다. 다만, 기타민원의 경우와 민원인에게 _____ ____하여야 하는 경우, _____에는 _____ _____.

(2) 처리결과를 통지함에 있어서 _____에는 _____ _____해야 한다.

(3) 민원의 처리결과를 _____로 _____ ____가 있는 때에는 _____한 후에 이를 교부하여야 한다.

전자문서의 출력 사용 및 담당자의 명시

1. 전자문서의 출력 사용

행정기관의 장이 다음의 모든 조치를 하여 **민원인에게 전자문서로 통지**하고 민원인이 그 **전자문서를 출력한 경우에는 이를 「행정업부규정」에 따른 공문서**로 본다.

(1) **위조 · 변조 방지조치**

(2) **출력한 문서의 진위확인조치**

(3) 그 밖에 출력한 문서의 위조 · 변조를 방지하기 위하여 행정안전부장관이 고시한 조치

2. 담당자의 명시

행정기관의 장이 민원인에게 **처리기간 연장의 통지, 민원문서의 보완 요구**, 처리진행상황의 통지, 처리결과의 **통지 등을 할 때에는 그 담당자의 소속 · 성명 및 연락처를 안내하여야 한다.**

작성연습

1. 전자문서의 출력 사용

행정기관의 장이 다음의 모든 조치를 하여 _____하고 민원인
이 그 _____로 본다.

(1) _____

(2) _____

(3) 그 밖에 출력한 문서의 위조 · 변조를 방지하기 위하여 행정안전부장관이 고시한
조치

2. 담당자의 명시

행정기관의 장이 민원인에게 _____, 처리진
행상황의 통지, 처리결과의 _____
_____.

Theme 29 관계기관·부서 간의 협조

1. 협조요청

민원을 처리하는 주무부서는 민원을 처리할 때 관계기관·부서의 협조가 필요한 경우에는 민원을 접수한 후 지체 없이 그 민원의 처리기간 내에서 **회신기간을 정하여 협조를 요청**하여야 하며, 요청받은 기관·부서는 그 회신기간 내에 이를 처리하여야 한다.

2. 처리기간의 연장

협조를 요청받은 기관(부서)이 정해진 기간까지 처리할 수 없는 특별한 사정이 있는 경우에는 **그 회신기간의 범위 내에서 1회에 한하여 연장할 수 있다.** 협조를 요청받은 기관(부서)이 **기간을 연장하려는 경우에는 회신기간이 끝나기 전에 그 연장사유·**처리진행상황 및 회신예정일 등을 협조를 요청한 민원 처리 주무부서에 **통보하여야 한다.**

작성연습

1. 협조요청

민원을 처리하는 주무부서는 민원을 처리할 때 관계기관·부서의 협조가 필요한 경우에는 민원을 접수한 후 지체 없이 그 민원의 처리기간 내에서 _____ _____하여야 하며, 요청받은 기관·부서는 그 회신기간 내에 이를 처리하여야 한다.

2. 처리기간의 연장

협조를 요청받은 기관(부서)이 정해진 기간까지 처리할 수 없는 특별한 사정이 있는 경우에는 _____. 협조를 요청받은 기관(부서)이 _____·처리 진행상황 및 회신예정일 등을 협조를 요청한 민원 처리 주무부서에 _____.

민원 처리의 예외

1. 민원 처리의 예외 사항

행정기관의 장은 접수된 민원(**법정민원은 제외**)이 다음의 어느 하나에 해당하는 경우에는 그 민원을 처리하지 아니할 수 있다.

⑴ **고도의 정치적 판단**을 요하거나 **국가기밀** 또는 **공무상 비밀**에 관한 사항

⑵ **수사, 재판** 및 형집행에 관한 사항 또는 **감사원의 감사**가 착수된 사항

⑶ **행정심판, 행정소송**, 헌법재판소의 심판, 감사원의 심사청구, 그 밖에 **다른 법률에 따라 불복구제절차가 진행 중인 사항**

⑷ 법령에 따라 **화해·알선·조정·중재** 등 당사자 간의 이해 조정을 목적으로 행하는 절차가 **진행 중**인 사항

⑸ **판결·결정·재결·화해·조정·중재 등에 따라 확정**된 권리관계에 관한 사항

⑹ 감사원이 **감사위원회의의 결정을 거쳐** 행하는 사항

⑺ 각급 **선거관리위원회의 의결을 거쳐** 행하는 사항

⑻ **사인 간의 권리관계 또는 개인의 사생활**에 관한 사항

⑼ 행정기관의 소속 직원에 대한 **인사행정상의 행위**에 관한 사항

2. 민원인에게 사유 통지

민원 처리 예외에 해당하는 민원인의 신청이라도 행정기관의 장은 **처리하지 않는 사유를 해당 민원인에게 통지**하여야 한다.

작성연습

1. 민원 처리의 예외 사항

행정기관의 장은 접수된 민원(_____)이 다음의 어느 하나에 해당하는 경우에는 그 민원을 처리하지 아니할 수 있다.

(1) _____을 요하거나 _____ 또는 _____에 관한 사항

(2) _____ 및 형집행에 관한 사항 또는 _____가 착수된 사항

(3) _____, 헌법재판소의 심판, 감사원의 심사청구, 그 밖에 _____ _____

(4) 법령에 따라 _____ 등 _____ _____인 사항

(5) _____된 권리관계에 관한 사항

(6) 감사원이 _____ 행하는 사항

(7) 각급 _____ 행하는 사항

(8) _____에 관한 사항

(9) 행정기관의 소속 직원에 대한 _____에 관한 사항

2. 민원인에게 사유 통지

민원 처리 예외에 해당하는 민원인의 신청이라도 행정기관의 장은 _____ _____하여야 한다.

민원문서의 보완

1. 민원문서의 보완 요구

(1) 행정기관의 장은 접수한 민원문서에 보완이 필요한 경우에는 **상당한 기간을 정하여** 지체 없이 민원인에게 **보완을 요구**하여야 한다.

(2) 민원인에게 민원문서의 보완을 요구하는 경우에는 **문서 또는 구술 등**으로 하되, 민원인이 **특별히 요청한 경우에는 문서로 하여야 한다.**

(3) 보완요구는 민원문서를 **접수한 때부터 8근무시간 이내**에 하여야 한다. 다만, 현지조사 등 **정당한 사유로 8근무시간이 지난 후** 보완하여야 할 사항이 발견된 경우에는 **즉시 보완을 요구**하여야 한다.

(4) 행정기관의 장은 **다른 기관을 거쳐 접수된 민원문서** 중 보완이 필요한 경우에는 **해당 기관을 거치지 아니하고** 민원인에게 **직접 보완을 요구**할 수 있다.

(5) 행정기관의 보완 요구기간(행정기관의 보완 요구기간 혹은 민원인의 기간연장 요청으로 다시 정한 보완 요구기간) 내 **미이행 시 다시 보완을 요청하되, 기간은 10일 이내로 한다.**

2. 민원인의 보완 요구기간 연장 요청

행정기관의 장은 보완 요구를 받은 민원인이 보완 요구를 받은 기간 내에 **보완을 할 수 없음을 이유로 보완에 필요한 기간을 분명하게 밝혀 기간 연장을 요청**하는 경우에는 이를 고려하여 **다시 보완기간을 정하여야 한다.** 이 경우 민원인의 **기간 연장 요청은 2회로 한정한다.**

3. 보완 기간의 계산

민원문서의 보완에 필요한 기간의 계산방법에 관하여는 「**민법**」 **제156조**(기간을 시, 분, 초로 정한 때에는 즉시로부터 기산), **제157조**(기간을 일, 주, 월 또는 연으로 정한 때에는 기간의 초일은 산입하지 아니함), **제159조**(기간 말일의 종료로 기간이 만료), **제160조**(기간을 주, 월 또는 연으로 정한 때에는 역에 의하여 계산), **제161조**(기간의 말일이 토요일 또는 공휴일에 해당한 때에는 기간은 그 익일로 만료) 규정을 준용한다.

작성연습

1. 민원문서의 보완 요구

(1) 행정기관의 장은 접수한 민원문서에 보완이 필요한 경우에는 _____ 지체 없이 민원인에게 _____하여야 한다.

(2) 민원인에게 민원문서의 보완을 요구하는 경우에는 _____으로 하되, 민원인이 _____.

(3) 보완요구는 민원문서를 _____에 하여야 한다. 다만, 현지조사 등 _____ 보완하여야 할 사항이 발견된 경우에는 _____하여야 한다.

(4) 행정기관의 장은 _____ 중 보완이 필요한 경우에는 _____ 민원인에게 _____할 수 있다.

(5) 행정기관의 보완 요구기간(행정기관의 보완 요구기간 혹은 민원인의 기간연장 요청으로 다시 정한 보완 요구기간) 내 _____ _____.

2. 민원인의 보완 요구기간 연장 요청

행정기관의 장은 보완 요구를 받은 민원인이 보완 요구를 받은 기간 내에 _____ _____하는 경우에는 이를 고려하여 _____. 이 경우 민원인의 ____ _____.

3. 보완 기간의 계산

민원문서의 보완에 필요한 기간의 계산방법에 관하여는 _____ _____ _____ _____ 규정을 준용한다.

민원문서의 변경 · 취하 및 반려

1. 민원의 변경 · 취하

(1) 민원인은 **다른 법률에 특별한 규정**이 있거나 **그 민원의 성질상 보완 · 변경 또는 취하할 수 없는 경우**가 아니면 해당 **민원의 처리가 종결되기 전**에는 신청의 내용을 보완하거나 변경 또는 취하할 수 있다.

(2) **민원내용을 변경**한 경우에 **처리기간 계산**에 있어서는 종전의 민원 처리기간을 **변경일로부터 다시 적용**하여 처리한다.

2. 민원문서의 반려 등

(1) 민원인이 행정기관의 **보완 요구기간 내에 보완하지 않은 경우**에는 그 이유를 명시하여 접수된 민원문서를 민원인에게 **되돌려 보낼 수 있다.**

(2) 민원인이 **민원을 취하**하여 **민원문서의 반환을 요청한 경우**에는 다른 법령에 특별한 규정이 있는 경우를 제외하고는 **그 민원문서를 민원인에게 돌려주어야 한다.**

3. 민원의 종결

(1) 민원인의 **소재지가 분명하지 아니하여** 행정기관의 **보완 요구가 2회에 걸쳐 반송된 경우**에는 **민원을 취하**한 것으로 보아 **종결처리**할 수 있다.

(2) 민원인에게 **직접 교부할 필요가 있는 허가서 · 신고필증 · 증명서 등의 문서**를 정당한 사유 없이 **처리완료 예정일부터 15일이 경과**할 때까지 수령하지 않을 경우에는 이를 **폐기하고 해당 민원을 종결처리**할 수 있다.

작성연습

1. 민원의 변경·취하

(1) 민원인은 _____이 있거나 _____ _____가 아니면 해당 _____ _____할 수 있다.

(2) _____한 경우에 _____에 있어서는 종전의 민원 처리기간을 _____하여 처리한다.

2. 민원문서의 반려 등

(1) 민원인이 행정기관의 _____에는 그 이유를 명시 하여 접수된 민원문서를 민원인에게 _____.

(2) 민원인이 _____하여 _____에는 다른 법령에 특별 한 규정이 있는 경우를 제외하고는 _____.

3. 민원의 종결

(1) 민원인의 _____ 행정기관의 _____ ____에는 _____한 것으로 보아 _____할 수 있다.

(2) 민원인에게 _____ 등의 문서를 정당 한 사유 없이 _____에는 이를 _____할 수 있다.

반복 및 중복 민원의 처리

1. 반복 민원의 처리

행정기관의 장은 민원인이 **동일한 내용의 민원**(법정민원은 제외)을 정당한 사유 없이 3회 이상 반복하여 제출한 경우에는 2회 이상 그 처리결과를 통지하고, 그 후에 접수되는 민원에 대하여는 종결처리할 수 있다.

2. 중복 민원의 처리

동일한 민원인이 동일한 내용의 민원을 2개 이상의 행정기관에 제출하여 이를 다른 행정기관 으로부터 이송받은 경우에도 2회 이상 그 처리결과를 통지하고 그 후에 접수되는 민원에 대해 종결처리할 수 있다.

3. 동일한 내용의 민원인지 여부

행정기관의 장은 동일한 내용의 민원인지 여부에 대하여는 **해당 민원의 성격, 종전 민원과의 내용적 유사성·관련성 및 종전 민원과 동일한 답변을 할 수밖에 없는 사정** 등을 **종합적으로 고려**하여 결정하여야 한다.

작성연습

1. 반복 민원의 처리

행정기관의 장은 민원인이 _____(_____)을 _____
_____한 경우에는 _____하고, _____
_____.

2. 중복 민원의 처리

_____이 _____을 _____하여 _____
_____ 경우에도 _____하고 _____
_____.

3. 동일한 내용의 민원인지 여부

행정기관의 장은 동일한 내용의 민원인지 여부에 대하여는 _____
_____ 및 _____
____ 등을 _____하여 결정하여야 한다.

다수인관련민원의 처리

1. 다수인관련민원의 처리

"다수인관련민원"이란 5세대 이상의 공동이해와 관련되어 5명 이상이 연명으로 제출하는 민원을 말한다. 다수인관련민원을 신청하는 민원인은 **연명부를 원본으로 제출**하여야 한다.

2. 반복 또는 중복되는 다수인관련민원의 처리

행정기관의 장은 다수인관련민원을 종결처리하려는 경우에는 **민원조정위원회의 심의를 거쳐**야 한다.

3. 다수인관련민원의 관리

(1) 행정기관의 장은 다수인관련민원이 발생하지 아니하도록 **사전예방대책을 마련**하여야 하고, 다수인관련민원이 발생한 경우에는 **신속·공정·적법하게 해결**될 수 있도록 조치하여야 한다.

(2) 행정기관의 장은 다수인관련민원을 효율적으로 처리하고 관리하기 위하여 다수인관련민원의 **처리상황을 확인·분석**하여야 한다.

작성연습

1. 다수인관련민원의 처리

"다수인관련민원"이란 _____와 관련되어 _____
_____을 말한다. 다수인관련민원을 신청하는 민원인은 _____
하여야 한다.

2. _____

행정기관의 장은 다수인관련민원을 종결처리하려는 경우에는 _____
_____야 한다.

3. 다수인관련민원의 관리

(1) 행정기관의 장은 다수인관련민원이 발생하지 아니하도록 _____하
여야 하고, 다수인관련민원이 발생한 경우에는 _____될 수 있
도록 조치하여야 한다.

(2) 행정기관의 장은 다수인관련민원을 효율적으로 처리하고 관리하기 위하여 다수인
관련민원의 _____하여야 한다.

무인민원발급창구를 이용한 민원문서의 발급

1. 무인민원발급창구의 개념

행정기관의 장은 **무인민원발급창구를** 통하여 민원문서(다른 행정기관 소관의 민원문시를 포함)를 **발급**할 수 있다.

2. 무인민원발급창구를 이용한 민원문서의 발급

(1) 행정기관의 장은 무인민원발급창구를 이용하여 **민원문서를 발급**하는 경우에는 다른 법률의 규정에 불구하고 **수수료를 감면**할 수 있다.

(2) 무인민원발급창구를 통하여 **발급할 수 있는 민원문서의 종류는** 행정안전부장관이 관계 행정기관의 장과의 **협의를 거쳐 결정·고시**한다.

(3) 행정기관의 장은 무인민원발급창구를 이용하여 민원문서를 발급할 때에는 **소관 행정기관의 관인**(전자이미지 관인을 포함)을 생략하고 해당 기관의 관인을 찍어 발급할 수 있으나, **법령 또는 그 민원의 성질상** 소관 행정기관의 관인을 찍을 **필요가 있는 민원문서에는 소관 행정기관의 관인을 찍어야 한다.**

(4) 행정기관의 장은 민원문서를 발급할 때 법령에 따라 본인임을 확인하여야 하는 경우에 **법령에서 특별히 본인확인 방법을 정하고 있지 아니한 경우에는 행정안전부장관이 정한 전자적 매체를 이용하여 확인**할 수 있다.

(5) **행정안전부장관**은 무인민원발급창구를 이용하여 처리할 수 있는 **민원의 종류 및 추가비용**과 전자적 매체를 이용하여 **본인확인을 할 수 있는 민원의 종류 등**을 정하여 **관보에 고시**하고, **인터넷 홈페이지에 게시하여야 한다.** 이 경우 소관 민원을 관장하는 중앙행정기관의 장과 **미리 협의**하여야 한다.

||||||||| **작성연습** |||||||||||||||||||||||||||||||||||||||||||||||||||||||||||||

1. 무인민원발급창구의 개념

　행정기관의 장은 ＿＿＿＿＿＿＿＿＿＿＿＿＿＿＿＿＿＿＿（＿＿＿＿＿＿＿＿＿＿
＿＿＿＿＿）＿＿＿＿할 수 있다.

2. 무인민원발급창구를 이용한 민원문서의 발급

(1) 행정기관의 장은 무인민원발급창구를 이용하여 ＿＿＿＿＿＿＿＿하는 경우에는 다
른 법률의 규정에 불구하고 ＿＿＿＿＿＿＿＿할 수 있다.

(2) 무인민원발급창구를 통하여 ＿＿＿＿＿＿＿＿＿＿＿＿＿＿＿＿＿＿＿＿＿＿＿＿＿
＿＿＿＿＿＿＿＿＿＿＿＿＿＿＿＿＿＿＿＿＿한다.

(3) 행정기관의 장은 무인민원발급창구를 이용하여 민원문서를 발급할 때에는 ＿＿＿＿
＿＿＿＿＿＿（＿＿＿＿＿＿＿＿＿＿）＿＿＿＿＿＿＿＿＿＿＿＿＿＿＿＿＿＿
＿＿＿＿＿＿＿＿＿＿＿＿＿＿＿＿＿＿＿＿＿＿ 소관 행정기관의 관인을 찍을 ＿＿＿＿＿
＿＿＿＿＿＿＿＿＿＿＿＿＿＿＿＿＿＿＿＿＿＿＿＿＿.

(4) 행정기관의 장은 민원문서를 발급할 때 법령에 따라 본인임을 확인하여야 하는 경
우에 ＿＿＿＿＿＿＿＿＿＿＿＿＿＿＿＿＿＿＿＿＿＿＿＿＿＿＿＿＿＿＿＿＿＿＿
＿＿＿＿＿＿＿＿＿＿＿＿＿＿＿＿＿＿＿할 수 있다.

(5) ＿＿＿＿＿＿＿＿＿은 무인민원발급창구를 이용하여 처리할 수 있는 ＿＿＿＿＿＿
＿＿＿＿과 전자적 매체를 이용하여 ＿＿＿＿＿＿＿＿＿＿＿＿＿＿＿＿＿＿＿을 정
하여 ＿＿＿＿＿＿＿＿＿＿＿＿＿＿＿＿＿＿＿＿＿＿＿＿. 이 경우 ＿＿＿＿＿＿＿＿
＿＿＿＿＿＿＿＿＿＿＿＿＿＿＿＿＿＿＿＿하여야 한다.

전자증명서의 발급 등

1. 전자증명서의 발급

(1) 행정기관의 장은 전자민원창구 또는 통합전자민원창구를 통하여 **전자증명서를 발급할 수 있다.**

(2) 전자증명서를 발급하는 경우 관계법령 등에 특별한 규정이 있는 경우를 제외하고는 **수수료를 감면할 수 있다.**

(3) 발급할 수 있는 전자증명서의 종류는 **행정안전부장관이 관계 행정기관의 장과의 협의를 거쳐 결정·고시**한다.

2. 민원수수료 등의 납부방법

행정기관의 장은 민원인의 편의를 위하여 민원인이 현금·수입인지·수입증지 외에 **정보통신망을 이용한 전자화폐·전자결제 등** 다양한 방법으로 민원 처리에 따른 수수료 등을 납부할 수 있도록 조치하여야 한다.

작성연습

1. 전자증명서의 발급

(1) 행정기관의 장은 전자민원창구 또는 통합전자민원창구를 통하여 _____
_____.

(2) 전자증명서를 발급하는 경우 관계법령 등에 특별한 규정이 있는 경우를 제외하고는
_____.

(3) 발급할 수 있는 전자증명서의 종류는 _____
_____한다.

2. 민원수수료 등의 납부방법

행정기관의 장은 민원인의 편의를 위하여 민원인이 현금·수입인지·수입증지 외
에 _____ 다양한 방법으로 민원 처리에 따른
수수료 등을 납부할 수 있도록 조치하여야 한다.

37-1 사전심사의 청구

1. 사전심사청구의 정의

민원인은 **법정민원 중 신청에 경제적으로 많은 비용이 수반되는 민원** 등에 대하여는 행정기관의 장에게 **정식으로 민원을 신청하기 전에 미리 약식의 사전심사를 청구**할 수 있다.

2. 사전심사의 청구

(1) 행정기관의 장은 사전심사가 청구된 법정민원이 **다른 행정기관의 장과의 협의**를 거쳐야 하는 사항인 경우에는 미리 그 행정기관의 장과 협의하여야 한다.

(2) 행정기관의 장은 **사전심사 결과를 민원인에게 문서로 통지**하여야 하며, **가능한 것으로 통지한 민원**의 내용에 대하여는 민원인이 나중에 정식으로 민원을 신청한 경우에도 **동일하게 결정을 내릴 수 있도록 노력하여야 한다.** 다만, 민원인의 귀책사유 또는 불가항력이나 그 밖의 정당한 사유로 이를 이행할 수 없는 경우에는 그러하지 아니하다.

(3) 행정기관의 장은 사전심사 제도를 효율적으로 운영하기 위하여 **필요한 법적·제도적 장치를 마련**하여 시행하여야 한다.

3. 사전심사청구 대상 민원

(1) **법정민원 중 정식으로 신청할 경우 토지매입 등이 필요하여 민원인에게 경제적으로 많은 비용이 수반되는 민원**

(2) 행정기관의 장이 **거부처분을 할 경우 민원인에게 상당한 경제적 손실이 발생하는 민원**

작성연습

1. 사전심사청구의 정의

민원인은 _____ 등에 대하여
는 행정기관의 장에게 _____
할 수 있다.

2. 사전심사의 청구

(1) 행정기관의 장은사전심사가 청구된 법정민원이 _____를 거
쳐야 하는 사항인 경우에는 미리 그 행정기관의 장과 협의하여야 한다.

(2) 행정기관의 장은 _____하여야 하며, _____
_____의 내용에 대하여는 민원인이 나중에 정식으로 민원을 신청한 경
우에도 _____. 다만, 민원인의 귀책사유
또는 불가항력이나 그 밖의 정당한 사유로 이를 이행할 수 없는 경우에는 그러하지
아니하다.

(3) 행정기관의 장은 사전심사 제도를 효율적으로 운영하기 위하여 _____
_____하여 시행하여야 한다.

3. 사전심사청구 대상 민원

(1) _____이 필요하여 민원인에게 _____
_____

(2) 행정기관의 장이 _____

사전심사의 청구

4. 사전심사청구 대상 민원의 안내

행정기관의 장은 **사전심사청구 대상 민원의 종류 및 민원별 처리기간·구비서류 등**을 미리 정하여 민원인이 이를 열람할 수 있도록 게시하고 **민원편람에 수록**하여야 한다.

5. 사전심사청구의 처리절차

(1) 준용 규정

사전심사청구 대상 민원의 접수 및 처리절차에 관하여는 법 제20조(**관계기관·부서 간의 협조**), 이 영 제6조(**민원의 접수**), 제24조(**민원문서의 보완 절차 및 방법 등**) 및 제25조(**민원문서의 반려 등**)를 준용한다.

(2) 처리기간

사전심사청구 대상 민원의 처리기간은 다음의 범위에서 행정기관의 장이 정한다. 다만, 불가피한 사유로 처리기간 내에 처리하기 어려운 경우에는 처리기간을 연장할 수 있다.
① **처리기간이 30일 미만인 민원 → 처리기간**
② **처리기간이 30일 이상인 민원 → 30일 이내**

(3) 구비서류의 최소화

행정기관의 장은 사전심사청구 대상 민원의 **구비서류를 최소화**하여야 하며, 사전심사의 청구 후 **정식으로 민원이 접수되었을 때에는 이미 제출된 구비서류를 추가로 요구해서는 아니 된다.**

(4) 처리기간의 단축

행정기관의 장은 **사전심사를 거친 민원의 경우** 특별한 사유가 없으면 **처리기간을 단축하여 신속히 처리**하여야 한다.

작성연습

4. 사전심사청구 대상 민원의 안내

행정기관의 장은 _____
을 미리 정하여 민원인이 이를 열람할 수 있도록 게시하고 _____하여야
한다.

5. 사전심사청구의 처리절차

(1) 준용 규정

사전심사청구 대상 민원의 접수 및 처리절차에 관하여는 법 제20조(_____
_____), 이 영 제6조(_____), 제24조(_____)
및 제25조(_____)를 준용한다.

(2) 처리기간

사전심사청구 대상 민원의 처리기간은 다음의 범위에서 행정기관의 장이 정한다.
다만, 불가피한 사유로 처리기간 내에 처리하기 어려운 경우에는 처리기간을 연장
할 수 있다.
① _____ → _____
② _____ → _____

(3) 구비서류의 최소화

행정기관의 장은 사전심사청구 대상 민원의 _____하여야 하며, 사전심
사의 청구 후 _____
_____.

(4) **처리기간의 단축**

행정기관의 장은 _____ 특별한 사유가 없으면 _____
_____하여야 한다.

복합민원의 처리

1. 복합민원의 정의

하나의 민원 목적을 실현하기 위하여 **관계법령 등에 따라 여러 관계기관 또는 관계부서의 인가·허가·승인·추천·협의 또는 확인 등을 거쳐 처리되는 법정민원**을 말한다.

2. 복합민원의 처리유형

(1) **의제처리**

어떠한 인·허가를 받기 위하여 근거법령이 서로 다른 인·허가를 함께 받아야 할 경우에 그 관련 인·허가가 주된 인·허가와 중복되거나 유사하다면 주된 인·허가만 받으면 관련 인·허가도 함께 받은 것으로 간주하여 처리하는 것이다.

(2) **창구일원화**

주된 인·허가와 관련되어 있는 인·허가의 **접수를 모두 받도록 하되**, 민원인이 일일이 담당 부서별로 직접 찾아다니지 아니하고 **주된 인·허가를 제출하면 주된 민원 처리부서에서 책임을 지고 관련부서와 협의를 거쳐 처리**해 주는 제도이다. 주된 인·허가증뿐만 아니라 관련 되는 민원의 인·허가증을 모두 교부한다.

(3) **개별처리**

주된 인·허가와 관련되어 있는 인·허가들을 **민원인이 각각 신청·접수하여 처리**하는 민원 이다.

작성연습

1. 복합민원의 정의

_____하기 위하여 _____
_____ · 추천 · 협의 또는 확인 등을 거쳐 처리되는 _____
_____.

2. 복합민원의 처리유형

(1) _____

_____
_____
_____하는 것이다.

(2) _____

주된 인 · 허가와 관련되어 있는 인 · 허가의 _____, 민원인이 일
일이 담당부서별로 직접 찾아다니지 아니하고 _____
_____해 주는 제도이다. 주된
인 · 허가증뿐만 아니라 관련되는 민원의 인 · 허가증을 모두 교부한다.

(3) _____

주된 인 · 허가와 관련되어 있는 인 · 허가들을 _____
하는 민원이다.

복합민원의 처리

3. 복합민원의 처리방법

(1) 처리주무부서의 지정

행정기관의 장은 복합민원을 처리할 **주무부서를 지정**하고 그 부서로 하여금 **관계기관·부서 간의 협조**를 통하여 **민원을 한꺼번에 처리**하게 할 수 있다.

(2) 민원서류의 일괄제출

행정기관의 장은 복합민원과 관련된 모든 **민원문서를 지정된 주무부서에 한꺼번에 제출**하게 할 수 있다.

4. 복합민원의 게시

행정기관의 장은 관계기관의 장과 협의하여 **복합민원의 종류와 접수방법·구비서류·처리기간 및 처리절차 등**을 미리 정하여 민원인이 이를 열람할 수 있도록 **게시하고, 민원편람에 수록**하여야 한다.

5. 복합민원의 처리기간 산정

복합민원의 경우 모든 민원을 한 번에 처리하는 점을 감안하여 처리기간 산정은 주된 민원과 관련되는 민원 중 **처리기간이 가장 긴 것을 처리기간으로 산정**한다.

6. 주된 민원의 허가가 취소된 경우 의제처리된 민원의 사후관리

복합민원 의제처리의 경우 **주된 민원의 인·허가 등이 취소되면 다른 관련 민원도 함께 취소**된다. 취소에 따른 원상복구, 사후관리 등은 관련 개별법에 특별한 규정이 없는 경우에는 일반 개별민원의 허가 취소 후 절차와 같이 각각의 처리부서에서 하여야 한다.

작성연습

3. 복합민원의 처리방법

(1) 처리주무부서의 지정

행정기관의 장은 복합민원을 처리할 ＿＿＿＿＿＿하고 그 부서로 하여금 ＿＿＿＿
＿＿＿＿＿＿＿를 통하여 ＿＿＿＿＿＿＿＿하게 할 수 있다.

(2) 민원서류의 일괄제출

행정기관의 장은 복합민원과 관련된 모든 ＿＿＿＿＿＿＿＿＿＿＿＿＿＿＿
하게 할 수 있다.

4. 복합민원의 게시

행정기관의 장은 관계기관의 장과 협의하여 ＿＿＿＿＿＿＿＿＿＿＿＿＿
＿＿＿＿＿＿＿＿＿＿＿＿을 미리 정하여 민원인이 이를 열람할 수 있도록
＿＿＿＿＿＿＿＿＿＿＿하여야 한다.

5. 복합민원의 처리기간 산정

복합민원의 경우 모든 민원을 한 번에 처리하는 점을 감안하여 처리기간 산정은 주
된 민원과 관련되는 민원 중 ＿＿＿＿＿＿＿＿＿＿＿＿＿＿＿＿＿＿한다.

6. 주된 민원의 허가가 취소된 경우 의제처리된 민원의 사후관리

복합민원 의제처리의 경우 ＿＿＿＿＿＿＿＿＿＿＿＿＿＿＿＿＿
＿＿＿＿된다. 취소에 따른 원상복구, 사후관리 등은 관련 개별법에 특별한 규정이
없는 경우에는 일반 개별민원의 허가 취소 후 절차와 같이 각각의 처리부서에서 하
여야 한다.

민원 1회방문 처리제

1. 민원 1회방문 처리제의 확립

행정기관의 장은 **복합민원을 처리할 때에 그 행정기관의 내부에서 할 수 있는 자료의 확인, 관계기관·부서와의 협조 등에 따른 모든 절차를 담당 직원이 직접 진행**하도록 하는 민원 1회방문 처리제를 확립한다.

2. 실시 배경 및 의의

(1) 공무원과 국민의 의식과 행태 전환

민원인이 **민원처리부서를 찾아다니며 직접 해결하는 것을 당연한 것으로 받아들여 온 생각과 관행을 바꾸게 된다.**

(2) 행정문화의 선진화 촉진

민원 구비서류 감축, 행정규제 완화, 행정전산망 조기구축 등으로 해결하여 **행정서비스의 생산력을 높이게 된다.**

(3) 경제 활성화 유도

민원인의 잦은 행정기관 방문에 따른 **불편과 부담을 최소화**하여 경제활동의 활성화에 기여하게 된다.

작성연습

1. **민원 1회방문 처리제의 확립**

   행정기관의 장은 _____

   _____

   하도록 하는 민원 1회방문 처리제를 확립한다.

2. **실시 배경 및 의의**

(1) 공무원과 국민의 의식과 행태 전환

   민원인이 _____

   _____.

(2) 행정문화의 선진화 촉진

   민원 구비서류 감축, 행정규제 완화, 행정전산망 조기구축 등으로 해결하여 _____

   _____.

(3) 경제 활성화 유도

   민원인의 잦은 행정기관 방문에 따른 _____하여 경제활동의 활성화
   에 기여하게 된다.

민원 1회방문 처리제

3. 민원 1회방문 상담창구의 설치·운영

행정기관의 장은 민원 1회방문 처리에 관한 **안내와 상담**의 편의를 제공하기 위하여 민원 1회 **방문 상담창구를 설치**하여야 한다.

4. 민원 후견인의 지정·운영

(1) **민원 후견인의 지정**

행정기관의 장은 민원 1회방문 처리제의 원활한 운영을 위하여 민원 처리에 경험이 많은 **소 속 직원을 민원 후견인으로 지정**하여 민원인을 안내하거나 민원인과 상담하게 할 수 있다.

(2) **민원 후견인의 직무**

① **민원 처리방법**에 관한 민원인과의 **상담**
② **민원실무심의회** 및 **민원조정위원회**에서의 **민원인의 진술 등 지원**
③ **민원문서 보완** 등의 **지원**
④ **민원처리 과정 및 결과의 안내**

5. 시행절차

(1) 민원 1회방문 상담창구의 설치·운영

(2) 민원 후견인의 지정·운영

(3) 복합민원을 심의하기 위한 **실무기구의 운영**

(4) 실무기구의 심의결과에 대한 **민원조정위원회의 재심의**

(5) **행정기관의 장의 최종 결정**

작성연습

3. 민원 1회방문 상담창구의 설치 · 운영

행정기관의 장은 민원 1회방문 처리에 관한 _____의 편의를 제공하기 위하여 민원 _____하여야 한다.

4. 민원 후견인의 지정 · 운영

(1) _____

행정기관의 장은 민원 1회방문 처리제의 원활한 운영을 위하여 민원 처리에 경험이 많은 _____하여 민원인을 안내하거나 민원인과 상담하게 할 수 있다.

(2) _____

① _____에 관한 민원인과의 ____
② _____ 및 _____에서의 _____
③ _____ 등의 ____
④ _____

5. 시행절차

(1) _____

(2) _____

(3) 복합민원을 심의하기 위한 _____

(4) 실무기구의 심의결과에 대한 _____

(5) _____

민원실무심의회의 설치 · 운영 등

1. 행정기관의 장은 **복합민원을** 심의하기 위하여 그 소속으로 **민원실무심의회를 설치 · 운영**하여야 한다. 민원실무심의회의 **위원장은 처리주무부서의 장이 되고, 위원은 관계기관 또는 부서의 실무책임자**가 된다.

2. 행정기관의 장은 특히 필요하다고 인정하는 경우에는 민원 관련 **외부전문가를 민원실무심의회의 위원으로 위촉**할 수 있다.

3. **위원장은 관계기관 또는 부서의 실무책임자에게 회의 참석을 요청**할 수 있으며, 그 요청을 받은 사람은 정당한 사유가 없으면 이에 따라야 한다.

4. **위원장은** 심의를 위하여 필요하다고 인정되는 경우에는 **관계기관 또는 부서에 현장확인이나 조사 등을 합동으로 실시할 것을 요청**할 수 있으며, 그 요청을 받은 관계기관 또는 부서는 특별한 사유가 없으면 이에 따라야 한다.

5. **위원장은** 민원실무심의회의 효율적인 운영을 위하여 필요하다고 인정되는 경우에는 **이해관계인 · 참고인 또는 감정인 등의 의견을** 들을 수 있다.

6. **위원장은** 민원실무심의회에 **민원인을 참석**하게 하는 경우에는 민원인에게 **회의일정 등을 미리 통지**하여야 한다. 이 경우 민원인이 희망하거나 출석할 수 없는 특별한 사정이 있는 경우에는 **서면(전자적 방법에 의한 서면을 포함)으로 의견을 진술**하게 할 수 있다.

7. 행정기관의 장은 창업 · 공장설립 등 **경제적으로 많은 비용이 수반되는 복합민원**의 경우에는 신속한 처리를 위하여 **민원실무심의회의 심의를 생략**하고 **민원조정위원회에 직접 상정**하여 심의할 수 있다.

작성연습

1. _____은 _____하기 위하여 그 소속으로 _____ _____하여야 한다. 민원실무심의회의 _____ _____가 된다.

2. _____은 특히 필요하다고 인정하는 경우에는 민원 관련 _____ _____할 수 있다.

3. _____은 _____할 수 있으며, 그 요청을 받은 사람은 정당한 사유가 없으면 이에 따라야 한다.

4. _____은 심의를 위하여 필요하다고 인정되는 경우에는 _____ _____할 수 있으며, 그 요청을 받은 관계 기관 또는 부서는 특별한 사유가 없으면 이에 따라야 한다.

5. _____은 민원실무심의회의 효율적인 운영을 위하여 필요하다고 인정되는 경우에 는 _____을 들을 수 있다.

6. _____은 민원실무심의회에 _____하게 하는 경우에는 민원인에게 _____ _____하여야 한다. 이 경우 민원인이 희망하거나 출석할 수 없는 특별 한 사정이 있는 경우에는 _____하 게 할 수 있다.

7. _____은 창업·공장설립 등 _____의 경우에는 신속한 처리를 위하여 _____ _____하여 심의할 수 있다.

민원조정위원회의 설치 · 운영

1. 민원조정위원회의 설치 및 심의사항

행정기관의 장은 다음의 사항을 심의하기 위하여 **민원조정위원회를 설치 · 운영**하여야 한다.

(1) **장기 미해결 민원, 반복 민원 및 다수인관련민원**에 대한 해소 · 방지 대책

(2) **거부처분에 대한 이의신청**

(3) 민원 처리 주무부서의 **법규적용의 타당성 여부**와 **민원실무심의회의 심의결과에 대한 재심의**

(4) 소관이 명확하지 아니한 민원의 **처리주무부서의 지정**

(5) 민원 관련 **법령 또는 제도 개선 사항**

(6) 창업 · 공장설립 등 경제적으로 많은 비용이 수반되어 신속한 처리를 위하여 **민원실무심의회를 생략하고 민원조정위원회에 직접 상정된 복합민원**

(7) 그 밖에 민원의 종합적인 검토 · 조정 또는 종결처리 등을 위하여 그 기관의 장이 민원조정위원회의 회의에 부치는 사항

2. 민원조정위원회의 심의 생략

(1) 해당 민원을 처리할 때 **행정기관의 판단 여지가 없는 경우**

(2) 법령에 따라 민원 처리요건이 구체적으로 규정되어 있어 **해석의 여지가 없는 경우**

(3) 이미 민원조정위원회의 심의를 거쳐 거부된 민원이 **같은 사유로 다시 접수된 경우**

3. 민원조정위원회의 구성

민원조정위원회의 위원장은 그 행정기관의 장이 소속 **국장급 공무원** 또는 그에 상당하는 직원 중에서 지명하고, 위원은 **처리주무부서의 장, 관계부서의 장, 감사부서의 장, 외부 법률전문가 및 민원과 관련된 외부전문가**로 구성하는 것을 원칙으로 한다. 다만, **민원실무심의회에서 관계기관과의 협의를 거쳐 거부**하는 것으로 결정된 복합민원을 심의 · 조정하는 경우에는 **그 관계기관의 처리주무부서의 장을 위원으로** 할 수 있다.

작성연습

1. 민원조정위원회의 설치 및 심의사항

행정기관의 장은 다음의 사항을 심의하기 위하여 _____하여야 한다.

(1) _____에 대한 해소·방지 대책

(2) _____

(3) 민원처리 주무부서의 _____와 _____

_____

(4) 소관이 명확하지 아니한 민원의 _____

(5) 민원 관련 _____

(6) 창업·공장설립 등 경제적으로 많은 비용이 수반되어 신속한 처리를 위하여 ____

_____

(7) 그 밖에 민원의 종합적인 검토·조정 또는 종결처리 등을 위하여 그 기관의 장이 민원조정위원회의 회의에 부치는 사항

2. 민원조정위원회의 심의 생략

(1) 해당 민원을 처리할 때 _____

(2) 법령에 따라 민원 처리요건이 구체적으로 규정되어 있어 _____

(3) 이미 민원조정위원회의 심의를 거쳐 거부된 민원이 _____

3. 민원조정위원회의 구성

민원조정위원회의 위원장은 그 행정기관의 장이 소속 _____ 또는 그에 상당하는 직원 중에서 지명하고, 위원은 _____

_____로 구성하는 것을 원칙으로 한다. 다만, _____하는 것으로 결정된 복합민원을 심의·조정하는 경우에는 _____

으로 할 수 있다.

민원조정위원회의 설치 · 운영

4. 민원조정위원회의 개최 시 민원인의 참여 등

(1) **위원장**은 민원조정위원회의 효율적인 운영을 위하여 필요하다고 인정되는 경우에는 **이해관계인 · 참고인 또는 감정인 등의 의견**을 들을 수 있다.

(2) **위원장**은 민원조정위원회를 개최할 때에는 민원인 및 이해관계인 등이 참석할 수 있도록 **민원인 및 이해관계인 등에게 회의일정 등을 미리 통지**하여야 한다.

5. 행정기관의 장의 최종결정

행정기관의 장은 접수된 민원을 처리하려는 경우에는 민원실무심의회 및 민원조정위원회의 **심의결과를 존중하여야 한다.** 따라서 **심의결과의 구속력은 없다.**

6. 다수인관련민원 등에 관한 민원조정위원회의 심의

(1) **민원조정위원회**는 다수인관련민원과 종결처리된 후 다시 접수된 민원에 관한 사항을 **매년 1회 이상 심의**해야 한다.

(2) **행정기관의 장**은 민원인의 권리보호 및 권익구제를 위하여 필요하다고 인정하는 경우에는 **다시 접수된 민원에 관한 사항을 민원조정위원회의 심의에 부칠 수 있다.**

(3) **행정기관의 장**은 민원조정위원회의 심의를 거쳐 거부된 다수인관련민원등이 **같은 사유로 다시 접수된 경우에는 행정기관의 장을 지도 · 감독하는 행정기관의 장에게 의견 제시를 요청**할 수 있다.

(4) 행정기관의 장은 **의견 제시 및 심의를 거치거나 심의를 거쳐 거부된 다수인관련민원등이 같은 사유로 다시 접수된 경우**로서, 동일한 내용의 민원을 정당한 사유 없이 **3회 이상 반복하여 제출**한 경우에는 민원조정위원회의 심의를 생략하고 종결처리할 수 있다.

7. 기타 사항

(1) **행정기관의 장**은 민원조정위원회가 심의를 하기 전에 해당 연도에 접수된 **다수인관련민원등의 추이, 유형 및 처리현황** 등을 분석하여 그 결과를 **민원조정위원회**에 제출할 수 있다.

(2) 민원조정위원회는 **종결처리된 후 다시 접수된 민원에 관한 사항이 없는 경우에는 장기 미해결 민원, 반복 민원 및 다수인관련민원에 대한 해소 · 방지 대책을 심의**해야 한다.

작성연습

4. 민원조정위원회의 개최 시 민원인의 참여 등

(1) _____은 민원조정위원회의 효율적인 운영을 위하여 필요하다고 인정되는 경우에는 _____을 들을 수 있다.

(2) _____은 민원조정위원회를 개최할 때에는 민원인 및 이해관계인 등이 참석할 수 있도록 _____하여야 한다.

5. 행정기관의 장의 최종결정

_____은 접수된 민원을 처리하려는 경우에는 민원실무심의회 및 민원조정위원회의 _____. 따라서 _____.

6. 다수인관련민원 등에 관한 민원조정위원회의 심의

(1) _____는 _____에 관한 사항을 _____해야 한다.

(2) _____은 민원인의 권리보호 및 권익구제를 위하여 필요하다고 인정하는 경우에는 _____.

(3) _____은 민원조정위원회의 심의를 거쳐 거부된 다수인관련민원등이 ___ _____ _____할 수 있다.

(4) 행정기관의 장은 _____ _____로서, 동일한 내용의 민원을 정당한 사유 없이 _____한 경우에는 _____ _____.

7. 기타 사항

(1) _____은 민원조정위원회가 심의를 하기 전에 해당 연도에 접수된 _____ _____ 등을 분석하여 그 결과를 _____에 제출할 수 있다.

(2) 민원조정위원회는 _____에는 _____해야 한다.

거부처분에 대한 이의신청

1. 거부처분에 대한 이의신청제도의 도입배경

행정기관이 **행한 처분의 적정성을 다시 검토**하여 시정할 기회를 부여힘으로로써, **불필요한 소송을 예방**하고 민원인의 **시간적·경제적 부담**을 줄이기 위한 제도이다.

2. 거부처분에 대한 이의신청 방법

(1) **법정민원**의 거부처분에 불복하는 민원인은 그 **거부처분을 받은 날**부터 **60일 이내**에 그 행정기관의 장에게 다음의 사항을 적은 문서로 이의신청을 할 수 있다.
  ① 신청인의 **성명 및 주소와 연락처**
  ② 이의신청의 **대상이 되는 민원**
  ③ 이의신청의 **취지 및 이유**
  ④ **거부처분을 받은 날 및 거부처분의 내용**

(2) 민원인은 **이의신청 여부와 관계없이 행정심판 또는 행정소송을 제기할 수 있다.**

3. 이의신청의 처리절차

(1) 행정기관의 장은 **이의신청을 받은 날**부터 **10일 이내**에 **인용 여부를 결정**하고 그 결과를 민원인에게 지체 없이 **문서로 통지**하여야 한다. 결과를 통지할 때에는 **결정 이유, 원래의 거부처분에 대한 불복방법 및 불복절차를 구체적으로 분명하게 밝혀야** 한다.

(2) 다만, 부득이한 사유로 정하여진 기간 이내에 인용 여부를 결정할 수 없을 때에는 **그 기간의 만료일 다음 날부터 기산하여 10일 이내의 범위에서 연장**할 수 있으며, **연장사유를 민원인에게 통지**하여야 한다.

(3) 행정기관의 장은 이의신청에 대한 **처리상황을 이의신청처리대장에 기록·유지**하여야 한다.

작성연습

1. 거부처분에 대한 이의신청제도의 도입배경

행정기관이 _____하여 시정할 기회를 부여함으로써,
_____하고 민원인의 _____이다.

2. 거부처분에 대한 이의신청 방법

(1) _____의 거부처분에 불복하는 민원인은 _____
_____을 할 수 있다.

　① 신청인의 _____
　② 이의신청의 _____
　③ 이의신청의 _____
　④ _____

(2) 민원인은 _____.

3. 이의신청의 처리절차

(1) 행정기관의 장은 _____하고 그 결과
를 민원인에게 지체 없이 _____하여야 한다. 결과를 통지할 때에는 _____
_____.

(2) 다만, 부득이한 사유로 정하여진 기간 이내에 인용 여부를 결정할 수 없을 때에는
_____할 수 있으며,
_____하여야 한다.

(3) 행정기관의 장은 이의신청에 대한 _____
하여야 한다.

민원처리기준표

1. 민원처리기준표의 고시

(1) **행정안전부장관**은 민원인의 편의를 위하여 관계법령 등에 규정되어 있는 **민원의 처리기관, 처리기간, 구비서류, 처리절차, 신청방법** 등에 관한 사항을 종합한 **민원처리기준표를 작성**하여 **관보에 고시**하고 **통합전자민원창구에 게시**하여야 한다.

(2) **행정기관의 장**은 관계법령 등의 제정·개정 또는 폐지 등으로 **고시된 민원처리기준표를 변경할 필요가 있으면** 즉시 그 내용을 **행정안전부장관에게 통보**하여야 하며, **행정안전부장관**은 그 내용을 **관보에 고시**하고 **통합전자민원창구에 게시**한 후 **민원처리기준표**에 반영하여야 한다.

(3) **행정안전부장관**은 **민원의 간소화**를 위하여 필요하다고 인정하는 경우에는 **관계 행정기관의 장**에게 관계법령 등에 규정되어 있는 **처리기간, 구비서류, 처리절차, 신청방법 등의 개정을 요청**할 수 있다.

2. 민원처리기준표의 조정 등

(1) **행정안전부장관**은 민원처리기준표를 작성·고시할 때에 민원의 간소화를 위하여 필요하다고 인정하는 경우에는 관계 행정기관의 장과 협의를 거쳐 관계법령 등이 개정될 때까지 **잠정적으로 관계법령 등에 규정되어 있는 처리기간과 구비서류를 줄이거나 처리절차·신청방법을 변경**할 수 있다.

(2) **행정기관의 장**은 **민원처리기준표가 조정·고시**된 경우에는 이에 따라 민원을 처리하여야 하며, **중앙행정기관의 장**은 민원처리기준표의 조정 또는 변경된 내용에 따라 **관계법령 등을 지체 없이 개정·정비**하여야 한다.

작성연습

1. 민원처리기준표의 고시

(1) _____은 민원인의 편의를 위하여 관계법령 등에 규정되어 있는 _____
_____ 등에 관한 사항을 종합한 _____
_____하여 _____하여야 한다.

(2) _____은 관계법령 등의 제정·개정 또는 폐지 등으로 _____
_____ 즉시 그 내용을 _____하여야 하며,
_____은 _____
_____에 반영하여야 한다.

(3) _____은 _____를 위하여 필요하다고 인정하는 경우에는 _____
_____ 관계법령 등에 규정되어 있는 _____
_____.

2. 민원처리기준표의 조정 등

(1) _____은 _____
_____하는 경우에는 관계 행정기관의 장과 협의를 거쳐 관계법령 등이
개정될 때까지 _____
_____할 수 있다.

(2) _____은 _____된 경우에는 이에 따라 민원을 처리
하여야 하며, _____은 민원처리기준표의 조정 또는 변경된 내용에 따
라 _____하여야 한다.

Theme 44 민원행정의 개선

1. 민원행정 및 제도개선 계획 등

행정안전부장관은 매년 **민원행정 및 제도개선에 관한 기본지침**을 작성하여 **행정기관의 장에게 통보**하여야 한다. **각 행정기관의 장**은 기본지침에 따라 **그 기관의 특성에 맞는 민원행정 및 제도개선 계획을 수립 · 시행**하여야 한다.

2. 민원제도의 개선 추진

(1) 행정기관의 장은 민원제도에 대한 **개선안을 발굴 · 개선**하도록 노력하여야 한다.

(2) 행정기관의 장은 **민원제도 개선 추진 계획 및 경과, 개선 내용 및 실적,** 개선한 내용, 개선에 대한 완료시점 등을 **행정안전부장관**에게 통보하여야 한다.

(3) 행정기관의 장과 민원을 처리하는 담당자는 **민원제도에 대한** 개선안을 행정안전부장관 또는 그 **민원의 소관 행정기관의 장에게** 제출할 수 있다.

3. 민원제도의 개선안의 검토 및 권고

(1) **행정안전부장관은** 제출받은 **개선안을 검토**하여 필요한 경우에는 **그 소관 행정기관의 장에게 통보하여 검토**하도록 하여야 한다.

(2) 개선안을 제출 · 통보받은 소관 행정기관의 장은 그 수용 여부를 결정하여야 하며, **행정안전부장관은 행정기관의 장이 수용하지 아니하기로 한 사항 중 개선할 필요성이 있다고 인정되는 사항**에 대하여는 소관 행정기관의 장에게 **개선을 권고할 수 있다.**

(3) 행정기관의 장이 행정안전부장관으로부터 권고 받은 사항을 **수용하지 아니하는 경우 행정안전부장관은 민원제도개선조정회의에 심의를 요청**할 수 있다.

(4) 행정기관의 장은 다음의 어느 하나에 해당하는 경우에는 **그 수용 여부를 결정하여 행정안전부장관에게 통보**하여야 한다.
   ① 행정안전부장관이 **개선안을 통보**한 경우
   ② 행정안전부장관이 **개선을 권고한** 경우
   ③ **민원제도개선조정회의에서 심의 · 조정**한 경우

작성연습

1. 민원행정 및 제도개선 계획 등

_____은 매년 _____을 작성하여 _____
_____하여야 한다. _____은 기본지침에 따라 _____
_____하여야 한다.

2. 민원제도의 개선 추진

(1) 행정기관의 장은 민원제도에 대한 _____하도록 노력하여야 한다.

(2) 행정기관의 장은 _____, 개선한 내용,
개선에 대한 완료시점 등을 _____에게 통보하여야 한다.

(3) 행정기관의 장과 민원을 처리하는 담당자는 _____
_____ 제출할 수 있다.

3. 민원제도의 개선안의 검토 및 권고

(1) _____하여 필요한 경우에는 _____
_____하도록 하여야 한다.

(2) 개선안을 제출·통보받은 소관 행정기관의 장은 그 수용 여부를 결정하여야 하며,
_____
_____에 대하여는 소관 행정기관의 장에게 _____할 수 있다.

(3) 행정기관의 장이 행정안전부장관으로부터 권고 받은 사항을 _____
_____할 수 있다.

(4) 행정기관의 장은 다음의 어느 하나에 해당하는 경우에는 _____
_____하여야 한다.
  ① 행정안전부장관이 _____한 경우
  ② 행정안전부장관이 _____ 경우
  ③ _____한 경우

민원제도개선조정회의

1. 민원제도개선조정회의 설치

여러 부처와 관련된 민원제도 개선사항을 심의·조정하기 위하여 **국무총리** 소속으로 민원제도개선조정회의를 둔다.

2. 민원제도개선조정회의 심의·조정 사항

(1) **여러 부처와 관련된 민원제도 개선**사항

(2) 행정기관의 **미이행 또는 미개선 과제에 대한 심의 및 이행 권고** 등에 관한 사항

(3) **민원제도 개선업무의 효율적 추진**에 관한 사항

(4) **심의를 요청받은** 사항

(5) 그 밖에 조정회의의 **위원장이 필요하다고 인정**하는 사항

3. 민원제도개선조정회의 구성 등

(1) 조정회의는 **위원장 1명을 포함하여 10명 이내의 위원**으로 구성한다.

(2) 조정회의의 위원장은 **국무조정실장**으로 하고, 위원은 기획재정부·행정안전부·국무조정실·법제처 및 **관련 과제의 소관 행정기관의 부기관장**으로 한다. 다만, 민원제도 개선을 위하여 필요한 경우에는 **외부전문가를 위원으로 위촉**할 수 있다.

PART

02

작성연습

1. 민원제도개선조정회의 설치

_____하기 위하여 _____ 소속으로 민원제도개선조정회의를 둔다.

2. 민원제도개선조정회의 심의 · 조정 사항

(1) _____사항

(2) 행정기관의 _____ 등에 관한 사항

(3) _____에 관한 사항

(4) _____ 사항

(5) 그 밖에 조정회의의 _____하는 사항

3. 민원제도개선조정회의 구성 등

(1) 조정회의는 _____으로 구성한다.

(2) 조정회의의 위원장은 _____으로 하고, 위원은 기획재정부 · 행정안전부 · 국무조정실 · 법제처 및 _____으로 한다. 다만, 민원제도 개선을 위하여 필요한 경우에는 _____할 수 있다.

민원의 실태조사 등

1. 민원의 실태조사 및 간소화

(1) **중앙행정기관의 장**은 매년 그 기관이 관장하는 **민원의 처리 및 운영 실태를 조사**하여야 한다.

(2) **중앙행정기관의 장**은 소관 민원의 **구비서류, 처리절차 등의 간소화 방안**을 마련할 때에는 미리 **이해관계인, 관련 단체 및 전문가 등의 의견을 수렴**하여야 한다.

(3) **중앙행정기관의 장**은 소관 민원의 구비서류, 처리절차 등의 **간소화 방안을 마련한 경우** 그 간소화 방안을 **행정안전부장관에게 제출**해야 한다. **행정안전부장관**은 제출받은 간소화 방안을 **점검하고 필요한 경우 개선을 권고**할 수 있다.

(4) 중앙행정기관의 장은 **행정안전부장관의 권고에 따라 개선하도록 노력**해야 한다.

2. 법정민원 신설 사전진단

(1) **중앙행정기관의 장**은 소관 **법정민원을 신설**하려는 경우에는 그 민원의 **처리기간 · 구비서류 · 수수료 등의 적정성**에 대해 **사전진단을 실시**해야 한다.

(2) **중앙행정기관의 장**은 실시한 사전진단의 **결과를 행정안전부장관에게 통보**해야 하며, 사전진단 대상 민원의 **근거가 되는 법령안에 대한 입법예고 또는 훈령 · 예규 · 고시안에 대한 행정예고와 동시에** 해야 한다.

(3) **행정안전부장관**은 통보받은 사전진단의 결과에 대해 소관 **중앙행정기관의 장과 그 법정민원의 개선에 필요한 사항을 협의**할 수 있다.

작성연습

1. 민원의 실태조사 및 간소화

(1) _____은 ___ 그 기관이 관장하는 _____하여야 한다.

(2) _____은 소관 민원의 _____을 마련할 때에는 미리 _____하여야 한다.

(3) _____은 소관 민원의 구비서류, 처리절차 등의 _____ ___ 그 간소화 방안을 _____해야 한다. _____은 제출받은 간소화 방안을 _____할 수 있다.

(4) 중앙행정기관의 장은 _____해야 한다.

2. 법정민원 신설 사전진단

(1) _____은 _____하려는 경우에는 그 민원의 _____ _____에 대해 _____해야 한다.

(2) _____은 실시한 사전진단의 _____해야 하며, 사전진단 대상 민원의 _____ _____와 동시에 해야 한다.

(3) _____은 통보받은 사전진단의 결과에 대해 소관 _____ _____할 수 있다.

민원의 실태조사 등

3. 확인·점검·평가 등

(1) **행정안전부장관**은 효과적인 민원행정 및 제도의 개선을 위하여 필요하다고 인정할 때에는 **행정기관에 대하여 민원의 개선 상황과 운영 실태를 확인·점검·평가**하고 **그 결과를 해당 행정기관의 장에게 통보**할 수 있다.

(2) **행정안전부장관**은 평가 결과에 따라 **우수 기관 및 직원에 대하여 포상**할 수 있다.

(3) 행정기관의 장은 결과를 통보받은 경우에는 이를 행정안전부장관이 평가 결과를 통보한 날부터 **14일 이내에 해당 행정기관의 인터넷 홈페이지에 1개월 이상 공개**해야 한다.

(4) **행정안전부장관**은 확인·점검·평가 결과 민원의 개선에 소극적이거나 이행 상태가 불량하다고 판단되는 경우 **국무총리에게 이를 시정하기 위하여 필요한 조치를 건의**할 수 있다. 다만, 처리기간의 경과 등 **경미한 사항은 행정안전부장관이 직접 관계 행정기관의 장에게 그 시정에 필요한 조치를 요구**할 수 있다.

(5) 국무총리로부터 시정 요구를 받거나 행정안전부장관으로부터 **시정 요구를 받은 관계 행정기관의 장**은 **행정안전부장관**에게 그 **처리결과를 통보**하여야 한다.

4. 민원행정에 관한 여론 수집

(1) **행정안전부장관**은 행정기관의 민원 처리에 관하여 필요한 경우 **국민들의 여론을 수집**하여 민원행정제도 및 그 운영의 **개선에 반영**할 수 있다. 효율적인 여론 수집을 위하여 필요한 경우에는 **관련 기관 또는 단체 등에 여론조사를 의뢰**할 수 있다.

(2) **행정안전부장관**은 국민들의 여론을 수집한 결과 민원행정제도 및 운영의 개선이 필요한 경우 **국무총리의 승인을 받아 관계 행정기관의 장에게 시정에 필요한 조치를 요구**할 수 있다. 이 경우 **관계 행정기관의 장은 적절한 조치를 하고, 그 처리 결과를 행정안전부장관에게 통보**하여야 한다.

작성연습

3. 확인 · 점검 · 평가 등

(1) _____은 효과적인 민원행정 및 제도의 개선을 위하여 필요하다고 인정할 때에는 _____하고 _____할 수 있다.

(2) _____은 평가 결과에 따라 _____할 수 있다.

(3) 행정기관의 장은 결과를 통보받은 경우에는 이를 행정안전부장관이 평가 결과를 통보한 날부터 _____ 해야 한다.

(4) _____은 _____하다고 판단되는 경우 _____할 수 있다. 다만, 처리기간 의 경과 등 _____ _____할 수 있다.

(5) 국무총리로부터 시정 요구를 받거나 행정안전부장관으로부터 _____ _____은 _____에게 _____하여야 한다.

4. 민원행정에 관한 여론 수집

(1) _____은 행정기관의 민원 처리에 관하여 필요한 경우 _____ ____하여 민원행정제도 및 그 운영의 _____할 수 있다. 효율적인 여론 수집을 위하여 필요한 경우에는 _____할 수 있다.

(2) _____은 _____ 민원행정제도 및 운영의 개선이 필요한 경우 _____ _____할 수 있다. 이 경우 _____ _____하여야 한다.

2026 박문각 행정사 2차
김재준 사무관리론 답안작성을 위한 서브노트

초판인쇄 | 2026. 1. 8. **초판발행** | 2026. 1. 15. **편저자** | 김재준

발행인 | 박 용 **발행처** | (주)박문각출판 **등록** | 2015년 4월 29일 제2019-000137호

주소 | 06654 서울시 서초구 효령로 283 서경 B/D 4층 **팩스** | (02)584-2927

전화 | 교재 문의 (02)6466-7202

저자와의
협의하에
인지생략

정가 22,000원

ISBN 979-11-7519-616-2